10 Lições sobre
WITTGENSTEIN

Dados Internacionais de Catalogação na Publicação (CIP)
(Câmara Brasileira do Livro, SP, Brasil)

Júnior, Gerson Francisco de Arruda
    10 lições sobre Wittgenstein / Gerson Francisco de Arruda Júnior. – Petrópolis, RJ : Vozes, 2017. – (Coleção 10 Lições)

Inclui bibliografia

1ª reimpressão, 2019.

ISBN 978-85-326-5400-7

1. Filosofia 2. Wittgenstein, Ludwig, 1889-1951 – Crítica e interpretação I. Título. II. Série.

17-00412   CDD-193

Índices para catálogo sistemático:
1. Filosofia austríaca   193

Gerson Francisco de Arruda Júnior

10 Lições sobre
WITTGENSTEIN

EDITORA
VOZES

Petrópolis

© 2017, Editora Vozes Ltda.
Rua Frei Luís, 100
25689-900 Petrópolis, RJ
www.vozes.com.br
Brasil

Todos os direitos reservados. Nenhuma parte desta obra poderá ser reproduzida ou transmitida por qualquer forma e/ou quaisquer meios (eletrônico ou mecânico, incluindo fotocópia e gravação) ou arquivada em qualquer sistema ou banco de dados sem permissão escrita da editora.

CONSELHO EDITORIAL

Diretor
Gilberto Gonçalves Garcia

Editores
Aline dos Santos Carneiro
Edrian Josué Pasini
Marilac Loraine Oleniki
Welder Lancieri Marchini

Conselheiros
Francisco Morás
Ludovico Garmus
Teobaldo Heidemann
Volney J. Berkenbrock

Secretário executivo
João Batista Kreuch

Editoração: Flávia Peixoto
Diagramação: Sheilandre Desenv. Gráfico
Revisão gráfica: Fernando Sergio Olivetti da Rocha
Arte-finalização de capa: Editora Vozes
Ilustração de capa: Studio Graph-it

ISBN 978-85-326-5400-7

Editado conforme o novo acordo ortográfico.

Este livro foi composto e impresso pela Editora Vozes Ltda.

DEDICATÓRIA

*À minha esposa, Klívia,
e a meus filhos, Tiago e
Sofia.*

Sumário

Lista de abreviaturas, 9

Introdução, 11

Primeira lição – Vida e obra, 17

Segunda lição – A filosofia do *Tractatus Logico-philosophicus*, 27

Terceira lição – A estrutura do mundo, 39

Quarta lição – A estrutura da linguagem, 47

Quinta lição – Teoria pictórica, o *dizer* e o *mostrar*, e o místico, 57

Sexta lição – A linguagem como um jogo e os *jogos de linguagem*, 73

Sétima lição – *Uso* e significado das palavras, 83

Oitava lição – Ensino e compreensão das palavras, 93

Nona lição – "Seguir a regra" e privacidade, 101

Décima lição – "Forma de vida" e o "agir comum da humanidade", 117

Conclusão, 125

Referências, 129

Lista de abreviaturas

AC – Aulas e Conversações

CE – Causa e Efeito

CV – Cultura e Valor

GF – Gramática Filosófica

IF – Investigações Filosóficas

LA – Livro Azul

LC – Livro Castanho

NB – Cadernos 1914-1916

OF – Observações Filosóficas

OFM – Observações sobre os Fundamentos da Matemática

OFP – Observações sobre a Filosofia da Psicologia

SC – Sobre a Certeza

TLP – *Tractatus Logico-philosophicus*

UEFP – Últimos Escritos de Filosofia da Psicologia

WL – Palestras de Wittgenstein a partir das notas de A. Ambrose e M. MacDonald

Z – Fichas

Introdução

Ludwig Wittgenstein (1889-1951) é, sem qualquer margem de dúvidas, um dos mais importantes e influentes filósofos do século XX. Sua influência abrange boa parte dos ramos mais significativos da filosofia, tais como: linguagem, lógica, mente, religião, psicologia, ética, epistemologia, metafísica etc. O que faz com que o seu pensamento seja assim tão influente é a maneira original e inovadora com que ele encarou o conjunto dessas categorias filosóficas. Tal originalidade se assenta não só no fato de ele ter tentado duas vezes um recomeço absoluto da filosofia – através de duas maneiras diferentes de abordar os problemas filosóficos tradicionais –, mas reside também no seu modo extremamente peculiar de conceber a prática da filosofia em cada uma dessas tentativas.

Wittgenstein é considerado por muitos como sendo um pensador assistemático. Por assistemático quer-se dizer simplesmente o fato de ele tratar os mesmos assuntos sempre de novo a partir de direções diferentes. O resultado disso é uma grande quantidade de escritos. O conjunto das obras[1] de Wittgenstein, cuja maioria foi publicada postumamente pelos seus três testamentários: Rush Rhees, G.E.M. Anscombe, G.H. von Wright, é constituído por artigos, livros, correspondências, preleções, notas em diários, conversações, notas de aulas, ditados etc.

Não só a obra de Wittgenstein é razoavelmente grande, mas também a quantidade de textos que se escreveu (e ainda se escreve) sobre o seu pensamento é imensa. Considerando o enorme número de livros, biografias, artigos, comentários, simpósios, palestras, conferências etc., dedicados ao estudo e à investigação de seu pensamento, é muito provável que a nenhum outro filósofo contemporâneo tenha sido dedicada tanta atenção acadêmica.

É comum dividir o pensamento de Wittgenstein em duas fases. A primeira delas, a fase do jovem Wittgenstein, começa em 1912 e tem como clímax a publicação do *Tractatus Logico-philosophicus*, em 1921. É, digamos, uma fase decisiva

---

1. Os textos desse conjunto podem ser encontrados nas importantes edições dos *espólios* literários (cf. *Wittgenstein's Nachlass –* The Bergen Electronic Edition. Oxford: Oxford University Press, 2000 [edição dos Wittgenstein Archives at the University of Bergen]), e epitolar (*Gesamtbriefwechsel –* Innsbrucker elektronische Ausgabe. Charlottesville: InteLex Corporation, 2004 [edição de Monika Seekircher, Brian McGuinness e Anton Unterkircher]).

para a história da filosofia porque, concordando ou não com os seus pressupostos, ela dá significativas contribuições para o desenvolvimento da filosofia contemporânea da linguagem. A segunda fase, a do segundo Wittgenstein, também chamada de *Spätphilosophie* de Wittgenstein, começa com o seu retorno a Cambridge, em 1929, e vai até a sua morte, em 1951. O que caracteriza este período é a nova maneira de tratar a linguagem, considerando-a como um fenômeno essencialmente social, público, tal qual nós encontramos, sobretudo, no que consideram ser o principal livro dessa fase, as *Investigações filosóficas*. Esse período tornou-se fundamental para o movimento conhecido como "Filosofia analítica".

Foi com o intuito de contemplar temas centrais dessas duas fases distintas do pensamento de Wittgenstein que as presentes lições foram escritas. Pela quantidade de assuntos por ele tratada, tivemos de fazer uma seleção e escolher aqueles que, do nosso ponto de vista, são realmente indispensáveis para proporcionar uma visão panorâmica do seu modo de fazer filosofia em cada um desses períodos. A primeira lição expõe elementos característicos de sua vida e obra. Da segunda à quinta lições, discorre-se sobre o pensamento do jovem Wittgenstein. Aborda-se sobre a filosofia e o objetivo do *Tractatus* (Segunda lição); os conceitos fundamentais que caracterizam o mundo e a linguagem (Terceira e quarta lições); a teoria pictórica da linguagem, a distinção entre o *dizer* e o *mostrar*, e as coisas acerca das quais, para o autor do *Tractatus*, nada podemos *dizer* (Quinta lição). As últimas cinco lições tratam de assuntos relacionados à sua *Spätphilosophie*. Considera-se: a analogia entre a linguagem e o jogo e o conceito de *jogos de linguagem* (Sexta lição); a relação entre o uso das palavras e o seu significado (Sétima lição); o modo pragmático de aquisição e compreensão da linguagem (Oitava lição); a questão do "seguir a regra" e suas implicações para a impossibilidade de uma linguagem privada (Nona lição); o conceito de *forma de vida* e a regularidade das ações humanas (Décima lição).

Devido à própria natureza destas *10 lições*, o conteúdo de cada uma delas é apresentado apenas em linhas gerais. Possuem, portanto, um caráter de introdução. Porém, ainda que em forma de introdução, Wittgenstein "sempre repudiou veementemente a exposição das suas doutrinas feitas por outros, mesmo quando esses eram seus ardentes discípulos"[2]. A razão disso é porque, segundo

---

2. RUSSELL, apud PINTO, A.V. Introdução ao *Tractatus logico-philosophicus* de Ludwig Wittgenstein. Braga: Publicações da Faculdade de Filosofia, 1982, p. 32.

ele, tais exposições eram geralmente infiéis ao seu pensamento. Somos conscientes de que estamos sujeitos a esse mesmo risco. Entretanto, devido à grandeza do pensador em questão, julgamos valer a pena correr tal risco.

Primeira lição
Vida e obra

Nascido em Viena, no dia 26 de abril de 1889, Ludwig Josef Johann Wittgenstein foi o oitavo e último filho do casal Karl Wittgenstein e Leopoldine Kalmus. Sua mãe, filha de um banqueiro vienense, era uma católica praticante e gostava muito de música. Já seu pai, um importante empresário da indústria siderúrgica, descendia de uma família judia que havia se convertido ao protestantismo. Devido às excelentes condições financeiras, a família de Wittgenstein desfrutava de um rico e variado ambiente cultural. Na infância, ele recebeu toda a sua educação em casa, por meio de professores particulares. Aos 14 anos foi estudar na Escola Real de Linz, onde ficou até 1906, ano em que ingressou na Escola Técnica Superior de Berlim, para estudar engenharia mecânica. Na primavera de 1908 torna-se estudante na Universidade de Manchester, Inglaterra, ocupando-se sobretudo com a engenharia aeronáutica, chegando, inclusive, a projetar um motor acionado a jato.

Em Manchester, interessa-se pelos fundamentos da matemática, e lê os *Princípios da matemática*, de Bertrand Russell, e as *Leis fundamentais da aritmética*, de Gottlob Frege. Em 1911, visitou Frege em Jena, que o aconselhou ir a Cambridge estudar com Russell. No outono desse ano foi falar pessoalmente com Russell, a quem perguntou se deveria continuar os estudos aeronáuticos ou começar a estudar mais atentamente a filosofia. Ao ler a primeira sentença de um ensaio feito por Wittgenstein, o professor de Cambridge ficou convencido que seu futuro aluno deveria abandonar a engenharia e estudar filosofia. Nessa ocasião, Wittgenstein começa a escrever seus primeiros pensamentos sobre os fundamentos da lógica.

Em janeiro de 1913, seu pai morre, deixando uma grande herança para Wittgenstein, que doa boa parte dela a artistas vienenses. Com a eclosão da Primeira Guerra Mundial, alista-se como voluntário no exército austríaco, participando de vários combates como artilheiro de um regimento do exército. Em agosto de 1914, começou a anotar seus pensamentos sobre lógica, matemática, linguagem, ética e sentido da vida em um caderno que carregava na mochila. Tais anotações viriam a compor o que hoje conhecemos como os *Notebooks 1914-1916*. Deve-se salientar aqui o fato de que o período da Primeira Guerra Mundial coincidiu com uma profunda crise na vida de Wittgenstein. Isso foi o que talvez o levou a se interessar pelos escritos éticos e religiosos de L. Tolstoi, o qual exerceu grande influência sobre a sua concepção da vida. Convém notar ainda que não é sem razão que é nesse período que Wittgenstein também se dedica a estudar os evangelhos. Durante o verão de 1918, Wittgenstein conclui o *Tractatus*. Sem qualquer hesitação, com essa sua primeira grande obra filosófica, ele julga ter resolvido, de uma só vez, *todos* os problemas filosóficos. Em novembro, foi feito prisioneiro pelo exército italiano, e só regressou à Áustria em agosto do ano seguinte. Ao voltar a Viena, empreendeu várias tentativas (todas frustradas) de publicação do *Tractatus*. Em 1920, convicto de que não havia mais nada a ser feito em filosofia, decidiu seguir a carreira de professor de escola primária. Iniciou um curso de formação, onde recebeu vários treinamentos nos métodos do chamado "Movimento de Reforma da Escola Austríaca". Tal movimento se caracterizava por defender que o papel da escola não era o de promover a memorização do conteúdo, mas era o de estimular a curiosidade da criança, objetivando a formação de pensadores independentes. Como professor, Wittgenstein procurou colocação em áreas rurais, tendo ensinado nas aldeias de Niederösterreich, na baixa Áustria.

Em 1921, com uma significativa ajuda de Russell, ocorre a primeira publicação do *Tractatus*, feita por Wilhelm Ostwald, nos *Annalen der Naturphilosophie*, com o título *Logisch-philosophischen Abhandlung*. (Ao que tudo indica, o livro foi publicado mais pela introdução feita por Russell do que pelo seu conteúdo.) Wittgenstein, que em nenhuma etapa dessa publicação foi consultado, considerou essa edição como sendo uma "edição pirata" do seu livro[3]. Insatisfeito, procurou fazer outra publicação, o que aconteceu com a edição bilíngue (inglês/alemão), preparada no inverno de 1921 e publicada em 1922. Tendo como tradutor Frank Ramsey, essa edição inglesa, que por sugestão de G.E. Moore recebera o título que hoje possui, *Tractatus Logico-philosophicus*, foi acompanhada e corrigida por Wittgenstein, que a considerou como a publicação adequada do seu livro[4].

---

3. Cf. MONK, R. *Wittgenstein*: o dever de um gênio. São Paulo: Companhia das Letras, 1995, p. 193 [Tradução de Carlos Afonso Malferrari].

4. Cf. Ibid., p. 193. Em 1961, houve uma reedição desse texto bilíngue, cujo texto em alemão serviu de base para a primeira edição brasileira do *Tractatus*, feita em 1968, pelo Prof. José Arthur Gianotti. Em 1993, o Prof. Luiz H.L. dos Santos revisou esta tradução brasileira, e expôs um recomendado ensaio introdutório sobre o *Tractatus*. É essa tradução revisada que será usada ao longo dessas lições.

Em 1925, o autor do *Tractatus* conclui o *Wörterbuch für Volksschulen*, um *dicionário*[5] de ortografia para uso em escolas primárias, que foi publicado em 1926. Nesse mesmo ano, devido a vários desentendimentos, acabou por entregar o seu cargo de professor nas escolas primárias. Abandonando o trabalho como professor, trabalhou alguns meses como jardineiro no mosteiro de Hüteldorf, nas proximidades de Viena, chegando, inclusive, a cogitar a possibilidade de se tornar monge. Não levando adiante a ideia, volta a Viena, envolvendo-se, junto com o arquiteto Paul Engelmann, no projeto de construção de uma casa para a sua irmã Margarete. Devido a sua atenção obsessiva a cada etapa da construção, o edifício acabaria por ser obra de Wittgenstein até nos seus mínimos detalhes.

Em 1927, Wittgenstein tem os primeiros encontros com alguns membros do recém-formado *Círculo de Viena*, cujos pensamentos foram influenciados diretamente pela filosofia do *Tractatus*. Wittgenstein nunca participou das reuniões do próprio *Círculo*. Ele apenas se encontrava ocasionalmente com alguns de seus membros, sobretudo Moritz Schlick e Friedrich Waismann, para

---

5. Segundo Ray Monk, esse dicionário foi uma considerável contribuição de Wittgenstein para a reforma educacional na Áustria (cf. ibid., p. 210, 211).

discutir diversos tópicos filosóficos. Wittgenstein geralmente achava esses encontros frustrantes, e o principal motivo era o de que, do seu ponto de vista, Schlick e seus colegas do *Círculo* não conseguiam compreender pontos fundamentais da sua primeira grande obra filosófica, especificamente, o aspecto místico da obra. Há registros de que, em alguns momentos, Wittgenstein chegou mesmo a recusar discutir o livro e, de costas para seus interlocutores, lia, em voz alta, poemas do poeta indiano Rabindranath Tagore.

Todavia, o contato com os membros do Círculo de Viena, os seus encontros com o jovem estudioso da filosofia da matemática em Cambridge, Frank P. Ramsey, que viajava constantemente até a Áustria para se encontrar com Wittgenstein, e a conferência de Brouwer sobre os fundamentos da matemática parecem tê-lo levado a considerar que poderia haver "graves erros" em seu pensamento filosófico, tal como nos foi apresentado no *Tractatus*. Talvez a partir disso é que tenha início a segunda fase de sua pesquisa filosófica, que o ocuparia até o fim da sua vida. Em 1929, viaja a Cambridge, e decide retomar seus trabalhos em filosofia. Em junho, o *Tractatus*, apesar de já ter sido publicado em 1921 e ter sido traduzido para o inglês em 1922, é aceito como tese de doutorado, tendo como avaliadores Russell e Moore. Nesse mesmo ano, publica *Algumas observações sobre a forma lógica*[6], e profere a famosa *Conferência Sobre Ética*. Em 1930, Wittgenstein foi nomeado *fellow* do *Trinity College*. No primeiro ano, além de lecionar, dedicou-se incansavelmente a revisar as ideias centrais do *Tractatus*. Nessa ocasião, redige os textos que foram publicados postumamente como *Observações filosóficas* e *gramática filosófica*. Nesses textos já é possível vislumbrar uma nova maneira de conceber a atividade filosófica, isto é, um novo método de fazer filosofia é proposto.

As aulas de Wittgenstein em Cambridge eram um pouco diferentes do modelo vigente à época[7]. Ele não seguia quaisquer anotações, nem preparava qualquer esboço. Porém, sua didática (se assim podemos considerar) era bastante variada: ora ele expunha o que estava pensando, ora ficava em silêncio total por vários minutos, ora apelava para o diálogo com os alunos (perguntas e respostas). No ano letivo de 1933-1934, Wittgenstein dita alguns comentários filosóficos aos seus alunos, cujo

---

6. *Some remarks on logical form* foi publicado nas atas da sessão anual conjunta da *Aristotelian Society* e da *Mind Association*, à época o simpósio de filósofos mais importante da Grã-Betanha, realizado em Nottingham entre 12 e 15 de julho de 1929.

7. Sobre isso, cf. MALCOLM, N. *Ludwig Wittgenstein*: a memoir. 2. ed. Oxford: Oxford University Press, 2007.

intuito era o de servir de base para discussões em sala de aula. Como o texto datilografado apresentava uma capa azul, essas notas acabaram por ser publicadas e receberam o nome: *O livro azul.* Semelhantemente, no ano letivo de 1934-1935, Wittgenstein ditou algumas notas e comentários filosóficos aos seus alunos Alice Ambrose e Francis Skinner. O texto resultante era para uso próprio, e pretendia ser um esboço de uma futura publicação. Mas acabou por se tornar público, sendo postumamente publicado como *O livro marrom,* também devido à cor de sua capa.

Em 1934, Wittgenstein cogitou emigrar para a então União Soviética. Levando a ideia adiante, estudou russo e, em setembro de 1935, visitou Leningrado e Moscou. O objetivo da viagem era o de tentar conseguir um emprego de trabalhador braçal; porém, só lhe ofereceram postos de professor. Sem ter êxito nesse seu empreendimento, retornou de sua aventura três semanas depois. Em 1936, encerrou-se a sua bolsa de pesquisa que o *Trinity College* lhe havia conferido em 1930, e foi passar um ano na sua cabana na Noruega, a fim de se dedicar à redação do texto que iria compor as suas *Investigações filosóficas.* Em dezembro de 1937, regressa a Cambridge, e inicia a redação das *Observações sobre os fundamentos da matemática.* Dois anos depois obtém a cátedra de filosofia em Cambridge, sucedendo G.E. Moore. Com a eclosão da Segunda Guerra Mundial, Wittgenstein é impedido de dar início às suas funções acadêmicas. Tenta se envolver com a guerra, alistando-se como voluntário na brigada de ambulâncias, mas as suas raízes germânicas proporcionaram sérias desconfianças, e ele não foi aceito em qualquer atividade relacionada à guerra. Para não ficar preso numa universidade em tempos tão caóticos, foi trabalhar como porteiro; depois, como manipulador na farmácia do Guy's Hospital em Londres; e depois como assistente de laboratório em Newcastle.

Acabada a guerra, Wittgenstein retoma suas atividades docentes em Cambridge, permanecendo por lá por mais dois anos apenas. Em 1946, ministra um curso sobre a filosofia da psicologia; em 1947, pede demissão de seu cargo e renuncia a sua cátedra, definitivamente. Muda-se para a Irlanda, onde acabou a redação das *Investigações filosóficas*. No outono de 1949, ao regressar de uma breve estadia na América do Norte, os médicos lhe diagnosticaram um câncer na próstata. Nesse mesmo ano, inicia a redação de *Sobre a certeza*. Em 1950, muito adoentado, mora em casas de antigos alunos e amigos, e redige as *Observações sobre as cores*. Em 1951, redige um testamento, e no dia 29 de abril, na casa do seu médico, acaba por falecer, em Cambridge. É enterrado em 1º de maio, no cemitério de Saint Giles.

Segunda Lição

A filosofia do *Tractatus Logico-philosophicus*

Escrito entre 1912 e 1918, e publicado, inicialmente, em 1921, na revista alemã *Annalen der Naturphilosophie*, sob o título *Logisch-Philosophische Abhandlung*, o *Tractatus*, como é mundialmente conhecido, é um dos poucos escritos wittgensteinianos publicados enquanto seu autor ainda vivia[8]. O livro é uma obra singular na história da filosofia ocidental, dado que ele constitui a versão mais bem-elaborada da confluência de duas das mais significativas tradições filosóficas ocidentais: a tradição crítica e a tradição lógica. A

---

8. Os outros escritos wittgensteinianos publicados enquanto ele vivia foram: (1) uma resenha do livro *The Science of Logic*, de P. Coffey, em 1913; (2) um dicionário de ortografia para uso em escolas primárias, chamado *Wörterbuch für Volksschulen*, em 1926; (3) um artigo intitulado "Some remarks on logical form", publicado nas atas da sessão anual conjunta da *Aristotelian Society* e da *Mind Association*, à época o simpósio de filósofos mais importante da Grã-Betanha, realizado em Nottingham entre 12 e 15 de julho de 1929; (4) uma carta ao editor da *Mind*, em 1933.

tradição lógica se caracteriza por situar no centro de sua reflexão filosófica o tema da estrutura lógico-linguística dos discursos sobre a realidade, e tem seu auge no surgimento da lógica simbólica moderna e da análise lógica das proposições, cujos desdobramentos marcam uma evolução radical no desenvolvimento teórico dessa tradição. Já a tradição crítica se caracteriza pela investigação da natureza dos instrumentos do conhecimento, com o fim de avaliar se é legítima a possibilidade da pretensão filosófica de conhecer seus objetos mais significativos, tais como: o necessário, a totalidade, o absoluto, o universal etc. Essa tradição tem o seu apogeu nas reflexões realizadas por Kant – sobretudo na *Crítica da razão pura* – sobre os limites daquilo que pode ser conhecido.

Tendo as suas raízes fundadas nesses dois terrenos filosóficos, o *Tractatus*, portanto, se utiliza dos resultados obtidos do projeto lógico moderno, contidos e herdados, sobretudo, das pesquisas filosóficas que desde a metade do século XIX vinham sendo foco das investigações intelectuais de Gottlob Frege e Bertrand Russell, e, por outro lado, também se apropria dos postulados teóricos do criticismo kantiano e os incorpora à análise lógico-linguística das proposições, realizada a partir dessa nova forma de conceber a lógica.

O objetivo do *Tractatus*

A consequência imediata dessa miscigenação filosófica é um texto complexo e de audaciosa pretensão. Segundo o próprio autor, o *Tractatus* não trata de *algum* problema específico da filosofia; mas trata, antes, "*dos* problemas filosóficos", mostrando "que a formulação desses problemas repousa sobre o mau entendimento da lógica da nossa linguagem". Para Wittgenstein, a maioria (para não dizer todas) das proposições e questões que se formularam sobre temas filosóficos, apesar de não serem falsas, apresenta-se como contrassensos linguísticos. Por serem assim, não podemos de modo algum responder a esse tipo de questões, mas, só e simplesmente, estabelecer seu caráter de contrassenso. Desse modo, a filosofia sempre errou em sua missão quando quis resolver problemas (das mais diversas ordens: epistemológicos, ontológico-metafísicos, éticos etc.), que no fundo não são problemas, elaborando respostas para perguntas que nem sequer poderiam ser formuladas. Para o *Tractatus*, os considerados "problemas mais profundos", isto é, os problemas filosóficos, "*não* são propriamente problemas", mas se constituem "*pseudo*problemas"[9], e a pre-

---

9. *TLP*, 4.003.

tensão de Wittgenstein é, de fato, a de liquidá-los "de vez".

Eis então o objetivo do seu livro: demonstrar que *todos* os problemas filosóficos podem ser resolvidos e dissipados quando se compreende, adequadamente, o correto funcionamento da lógica da linguagem. No entanto, esse objetivo filosófico só será alcançado se os caminhos para atingi-lo tiverem como base o que para Wittgenstein é a verdadeira função da filosofia: analisar criticamente a linguagem.

A filosofia do *Tractatus*: análise crítica da linguagem

Para o autor do *Tractatus*, a filosofia não deve ser concebida como sempre foi compreendida, isto é, como sendo "uma teoria", mas deve, antes, ser concebida como "uma atividade". Essa *atividade* filosófica tem como finalidade dar "o esclarecimento lógico dos pensamentos", através de um processo de clarificação do conteúdo das proposições. Nessa perspectiva, uma obra filosófica não consiste na elaboração de "proposições filosóficas", cuja pretensão é a de exprimir um conjunto de doutrinas que contenha verdades absolutas, mas consiste, essencialmente, em elucidações, uma vez que "cumpre à filosofia tornar claros e delimitar precisamente os pensamentos, antes como que turvos e indistintos"[10]. Tal limite, porém, não pode ser traçado diretamente no pensamento, porque, sendo assim, deveríamos poder pensar os dois lados desse limite. Ou seja, deveríamos poder pensar o que pode e o que não pode ser pensado. Por esse motivo, diz Wittgenstein, o limite só poderá ser traçado na expressão do pensamento, isto é, na linguagem, e o que estiver além desse limite será simplesmente um contrassenso.

É da pretensão de traçar um limite na linguagem que Wittgenstein elabora a sua definição de filosofia. Para ele, "toda a filosofia é 'crítica da linguagem'". A característica principal dessa definição é, portanto, a utilização da análise crítica da linguagem como ferramenta para o exame das questões filosóficas. O pressuposto fundamental da crítica aqui pretendida é a ideia segundo a qual "a forma lógica *aparente* da proposição pode não ser sua forma lógica real"[11]. Quer isso dizer – como também pensavam Frege e Russell (a quem Wittgenstein atribuiu o mérito de ter mostrado essa verdade) – que a linguagem natural camufla a forma lógica real das proposições. Supõe-se, assim, que a forma gramatical de uma proposição

---

10. *TLP*, 4.112.

11. *TLP*, 4.0031 (destaque nosso).

não reflete de maneira adequada sua forma lógica, e isso é o que gera várias confusões linguísticas. Dessa forma, a linguagem seria "um traje que disfarça o pensamento, de modo tal que não se pode inferir, da forma exterior do traje, a forma do pensamento trajado", e é humanamente impossível, *de modo imediato*, extrair da linguagem natural a forma lógica das proposições. Supõe-se que a linguagem natural "foi constituída segundo fins inteiramente diferentes de tornar reconhecível a forma lógica"[12].

Diante disso, Wittgenstein julga necessária uma análise lógica da linguagem. Seu desejo era, de fato, o de alcançar a real forma lógica das proposições, ao analisar a estrutura lógico-formal da linguagem por meio do instrumental técnico lógico-analítico advindo da lógica moderna. O que no fundo subjaz a essa pretensão é a tentativa de demarcar aquilo que pode, com sentido, ser *dito* pela linguagem. Essa demarcação linguística é fundamentada no estabelecimento das condições lógico-transcendentais de possibilidade da própria linguagem, e o limite só será traçado quando estiverem estabelecidas todas essas condições. Esse empreendimento linguístico-transcendental realizado por Wittgenstein, que inclusive constitui

---

12. *TLP*, 4.002.

a base na qual está construída toda a teoria pictórica da linguagem[13], equivale, nas palavras de Margutti Pinto, "a buscar pela *forma lógica profunda*, comum a todas as linguagens"[14].

Em resumo, a análise lógica e a crítica da linguagem realizadas pelo autor do *Tractatus* consistem em demarcar as condições lógico-transcendentais de possibilidade da própria linguagem, delimitando, através da busca pela forma lógica comum a todas as proposições que a constituem, o campo do que pode ser *dito* com sentido, ou seja, daquilo que de fato pode ser exprimível por meio da linguagem. No entanto, não menos complexa do que esta pretensão é a maneira como Wittgenstein expôs suas ideias nesse livro.

A estrutura do *Tractatus*

O *Tractatus* não se enquadra no padrão comum dos livros. Nele não há introdução, conclusão, nem capítulos. Com exceção de seu prefácio, todo o conteúdo do livro foi escrito em aforismos,

---

13. Essa teoria consiste no fato de que a linguagem é uma figura do mundo. (Sobre isso, cf. Quarta lição.)

14. PINTO, P.R.M. Crítica da linguagem e misticismo no *Tractatus*. *Revista Portuguesa de Filosofia*. Braga, vol. 58, fasc. 3, jul.-set., 2002, p. 504 [Trimestral] (destaque nosso).

que é um gênero literário que tem como característica principal a apresentação de ideias de modo conciso, compacto e concentrado, sem se dar ao luxo de fornecer maiores explicações, ou mesmo demonstrações do que é afirmado. Além disso, todo o seu conteúdo exposto é regido por um sistema numérico hierarquicamente ordenado, criado pelo seu próprio autor. Com essa hierarquia, Wittgenstein pretendeu dispor esses aforismos de tal maneira que determinassem o peso lógico-argumentativo de seus enunciados na estrutura geral da obra e, ciente disso, ele mesmo mostra, em nota explicativa no início do livro, a maneira pela qual o seu sistema de numeração deve ser entendido. Diz ele:

> Os decimais que numeram as proposições destacadas indicam o peso lógico dessas proposições, a importância que têm em minha exposição. As proposições n. 1, n. 2, n. 3 etc. são observações relativas à proposição n° n; as proposições n.m.1, n.m.2 etc. são observações relativas à proposição n° n.m; e assim por diante[15].

Baseado nessa nota, pode-se dizer que o *Tractatus* é constituído de sete teses fundamentais, numeradas com um único algarismo que vai de 1 a 7,

---

15. *TLP*, p. 135.

e todo o restante do livro, como bem observa Urbano Zilles[16], seria simplesmente constituído de "explicações" dadas para elucidar as ideias contidas nessas proposições principais. Essas teses são:

1) O mundo é tudo que é o caso.

2) O que é o caso, o fato, é a existência de estados de coisas.

3) A figuração lógica dos fatos é o pensamento.

4) O pensamento é a proposição com sentido.

5) A proposição é uma função de verdade das proposições elementares. (A proposição elementar é uma função de verdade de si mesma.)

6) A forma geral da função de verdade é: $[P, \xi, N (\xi)]$. Isso é a forma geral da proposição.

7) Sobre aquilo de que não se pode falar, deve-se calar.

A maioria dos intérpretes das obras de Wittgenstein concorda que estas proposições podem ser divididas em quatro subgrupos. O primeiro deles, que é composto das duas primeiras teses, trata daquilo que os comentadores wittgensteinianos chamam de "Ontologia do *Tractatus*". Nelas estariam expressos os fundamentos ontológicos e

---

16. Cf. ZILLES, U. *O racional e o místico em Wittgenstein*. 2. ed. Porto Alegre: EDIPUCRS, 1994, p. 33-34 [Coleção Filosofia, 11].

lógicos que irão alicerçar toda a proposta filosófica do livro. O cerne desta ontologia se concentra nos conceitos de *fato*, *estado de coisas*, e *objetos*.

No segundo subgrupo, constituído unicamente da terceira tese, Wittgenstein apresenta o caminho pelo qual, segundo ele, se realiza a passagem da ontologia para as discussões epistemológicas. É nessa parte do *Tractatus* que ele expõe seu entendimento sobre o que é o pensamento, e o destaque é dado à relação entre o mundo e os pensamentos sobre ele, bem como ao percurso por meio do qual essa relação se estabelece.

Da quarta à sexta proposição, a estrutura da linguagem é tratada mais diretamente. Na primeira dessas proposições, Wittgenstein inicia sua investigação sobre a linguagem analisando e apresentando como se dá a passagem das discussões epistemológicas para as discussões sobre a linguagem. Nela, vemos o modo como as proposições tornam-se veículos de expressão dos pensamentos, cuja base constitui o núcleo da teoria pictórica da linguagem. Nas outras duas proposições, 5 e 6, o autor discorre sobre a estrutura interna da linguagem. No desenvolvimento desses aforismos, ele trata de como devem estar estruturadas todas as proposições elementares da linguagem com sentido, demarcando, com isso, a distinção entre o *dizer* e o *mostrar*, ou seja: o limite do que pode ser claramente *dito* por meio de proposições, e aquilo que, por não poder ser *dito*, só deverá ser *mostrado*.

Na última tese fundamental, Wittgenstein expressa o resultado de sua crítica à linguagem a partir da perspectiva filosófico-transcendental desenvolvida em todos os aforismos anteriores. Esse desfecho, que na verdade já é declarado no prefácio do livro, exprime todo o sentido da obra e se resume nas seguintes palavras: "O que se pode em geral dizer, pode-se dizer claramente; e sobre aquilo de que não se pode falar, deve-se calar". Assim, o que pode ser *dito* pode ser *dito* claramente pela linguagem; e, no caso daquilo de que não se pode falar, o melhor é ficar calado, pois qualquer tentativa de *dizê*-lo desembocará num contrassenso manifesto. Escusado será dizer que a tentativa de traçar o limite entre o que pode ser *dito* pela linguagem e o que só deve ser *mostrado* é o que dirige a exposição de todo o conteúdo do *Tractatus*.

Terceira lição
A estrutura do mundo

Para o jovem Wittgenstein, tanto a linguagem quanto o mundo possuem uma estrutura, que estão numa estreita relação de natureza lógico-isomórfica. De fato, o autor inicia este livro fazendo um conjunto de observações sobre a estrutura do mundo, seus elementos constituintes, e a maneira como esses elementos se articulam uns com os outros. Ele começa afirmando que: "O mundo é tudo que é o caso"; e "O mundo é a totalidade dos fatos" e não a totalidade "das coisas"[17]. "O que é o caso, o fato, é a existência de estados de coisas"[18], e estes, por sua vez, são "uma ligação de objetos"[19].

Assim concebido, o mundo não pode ser caracterizado pela simples enumeração das coisas[20]

---

17. *TLP*, 1-1.11.

18. *TLP*, 2.

19. *TLP*, 2.01, 2.031.

20. Utilizaremos as palavras "coisas" e "objetos" indistintamente, já que os termos alemães *Ding*, *Sach* (coisa) e *Gegenstand* (objeto) são usados por Wittgenstein como sinônimos (cf. *TLP*, 2.01, 2.0121, 2.013-2.0131, 2.0233-2.02331).

nele existentes. Assim, listar todos os objetos existentes no mundo não é nem condição suficiente nem condição necessária para definir o que o mundo é. Isso se dá porque, do seu ponto de vista, a mera totalidade das coisas pode constituir uma variedade de mundos possíveis, dependendo de como essas coisas estejam organizadas entre si. Para exemplificar isso, pensemos num quarto que contenha apenas uma cama, uma cadeira e um guarda-roupa. O quarto não pode consistir apenas da especificação desses cômodos, pois, além disso, existe a maneira como eles estão relacionados entre si: a cama pode estar em frente do guarda-roupa ou ao lado dele; a cadeira pode estar no centro do quarto ou em cima da cama; o guarda-roupa pode estar perto da porta ou no fundo do quarto, ao lado da janela; e assim sucessivamente.

Desse modo, são exatamente as relações entre as coisas que Wittgenstein quer destacar quando define o mundo como sendo a totalidade dos fatos, e não das coisas. Ou seja, todos os objetos no mundo estão numa determinada relação, e ele, nesse caso, sendo considerado como a totalidade dos fatos, é definido como sendo o conjunto de todas as coisas mais o conjunto das relações que elas mantêm entre si. Para o *Tractatus*, portanto, os fatos são constituídos de estados de coisas[21], e estes, por sua vez, são constituídos de ligações de objetos.

A natureza dos objetos

Os objetos constituem a noção mais básica da ontologia tractatiana, pois são essencialmente "simples"[22] e, por isso, não podem ser analisados ou decompostos em outras entidades ontológicas mais simples. De fato, as suas únicas características são de natureza relacional, restritas, exclusivamente, às possibilidades de combinações com outros objetos. Visto que "é *essencial* para o objeto poder ser parte constituinte de um estado de coisas"[23], os objetos não podem, jamais, existir isoladamente, pois sempre estarão dentro de um campo de relações e combinações entre si. As possibilidades que os objetos têm de se vincularem uns aos outros são demarcadas por suas propriedades internas[24], pela denominada "forma do objeto"[25]. O vínculo entre os objetos, que não

---

21. Cf. *TLP*, 2.034.

22. Cf. *TLP*, 2.02.

23. *TLP*, 2.0121, 2.011 (destaque nosso).

24. Cf. *TLP*, 2.0123-2.01231.

25. *TLP*, 2.03-2.033, 2.0141, 2.023.

é casual, mas lógico[26], é o que determina a existência e a estrutura de *todos* os estados de coisas[27]. Por esse motivo, "dados todos os objetos, com isso estão dados também todos os *possíveis* estados de coisas"[28].

Esse universo lógico de vinculação dos objetos é denominado, no *Tractatus*, de *espaço lógico*. Nesse *espaço* encontram-se delineadas todas as combinações possíveis entre os objetos. Tais combinações são, por um lado, contingentes, porque cada um dos objetos pode aparecer em quaisquer estados de coisas que neles estejam prejulgados[29], e, por outro lado, necessárias, porque é essencial que cada um dos objetos esteja sempre numa combinação com outros e, qualquer que seja a vinculação entre eles, ela sempre estará delimitada *a priori* pelas possibilidades estabelecidas pelo *espaço lógico*.

Essas possibilidades lógicas determinadas pelas fronteiras e limites do espaço lógico formam a "armação lógica" com a qual, pela proposição, o mundo é construído, representado[30]. Isso implica

---

26. Cf. *TLP*, 2.012.

27. Cf. *TLP*, 2.0271-2.04.

28. *TLP*, 2.0124.

29. Cf. *TLP*, 2.012-2.0121.

30. Cf. *TLP*, 4.023.

dizer que não poderá existir um mundo cuja estrutura esteja fora do espaço lógico: não poderá existir um mundo ilógico[31]. Para o *Tractatus*, todo mundo possível é um mundo dado pela combinação lógica de objetos irredutíveis. Nesse sentido, "os objetos constituem a substância do mundo"[32], aquilo "que subsiste independentemente do que seja o caso"[33], isto é, aquilo que existe independente de qualquer configuração dos objetos.

Ao introduzir o conceito de substância do mundo, Wittgenstein traça uma distinção entre a forma *fixa* do mundo e a *variabilidade* das configurações. Tanto a forma fixa como as configurações estão diretamente ligadas ao fato de que a substância, isto é, a totalidade dos objetos, é tanto *forma* como *conteúdo*[34] de qualquer mundo que possa existir. Os objetos são *conteúdo* do mundo na medida em que os *fatos* sempre os possuirão como seus elementos constitutivos. Quer dizer, sendo *conteúdo* do mundo, os objetos sempre serão os mesmos em qualquer mundo possível: eles nunca sofrerão qualquer alteração, seja quantitativa ou mesmo qualitativa. Além disso, os objetos

---

31. Cf. *TLP*, 3.031.

32. *TLP*, 2.021.

33. *TLP*, 2.024.

34. Cf. *TLP*, 2.025 (destaque nosso).

também são *forma*. Segundo o *Tractatus*, "a forma é a possibilidade da estrutura"[35]. Sendo assim, a totalidade dos objetos é *forma* do mundo na medida em que determina, por meio da forma lógica de cada objeto que a compõe, todos os estados de coisas possíveis. Desse modo, a existência dos objetos é a condição de possibilidade[36] da própria estrutura do mundo. Enquanto *forma* do mundo, os objetos são transcendentais, as próprias condições lógicas de possibilidade da ocorrência de todos os estados de coisas possíveis que poderão constituir o mundo.

Assim definidos, somos levados a considerar a questão sobre se os objetos tractatianos são de natureza puramente lógica ou podemos encontrá-los em alguma parte do mundo. Sendo *forma* do mundo, os objetos são transcendentais e, desse modo, não podem possuir propriedades empíricas, nem podem ser confundidos com as coisas no mundo, e nem podem ser encontrados *no* mundo. Foi por isso que até mesmo Wittgenstein, quando indagado por Normam Malcolm[37] sobre se quando escreveu o *Tractatus* alguma vez pensou em algo que servisse como exemplo de um objeto,

---

35. *TLP*, 2.033.

36. Cf. *TLP*, 2.033.

37. Cf. Malcolm, 2007, p. 70.

viu-se incapaz de apresentar um exemplo de algum objeto. Sua resposta foi simplesmente a de que "nessa altura a sua ideia era que ele era um lógico, e que, como tal, não lhe competia tentar decidir se esta ou aquela coisa era uma coisa complexa ou simples, sendo isso uma questão puramente empírica". Sendo assim, para Wittgenstein, não podemos encontrar, no mundo, algo que possuísse as características dos objetos. E, se pudéssemos, essa tarefa ficaria a cargo dos físicos, e não de um lógico, como era o seu caso.

Posto isso, os objetos do *Tractatus* não são entidades físicas reais, e sim possibilidades lógicas da própria existência do mundo. Na realidade, dadas essas características, eles podem ser considerados como sendo as próprias condições lógico-transcendentais da existência de todo e qualquer mundo.

Quarta lição
A estrutura da linguagem

Para o autor do *Tractatus*, a estrutura da linguagem está numa estreita relação isomórfica com o mundo. Para ele, essa íntima correlação é tão evidente que a análise lógica da linguagem é o único método viável e seguro para a investigação filosófica da estrutura da realidade, pois é somente especificando a essência da linguagem que chegaremos à essência do mundo[38]. Aliás, do seu ponto de vista, é precisamente tal relação que fundamentará toda a sua teoria da linguagem, dado que é ela que permite à linguagem exercer sua função afiguradora dos fatos. Sendo assim, a investigação sobre a ontologia tractatiana poderá ser mais bem compreendida se analisarmos a estrutura da linguagem no *Tractatus*, e isso talvez justifique o fato de Wittgenstein partir das investigações sobre a linguagem para chegar à sua concepção de mundo.

---

38. Cf. *TLP*, 5.4711.

A concepção tractatiana de linguagem pode ser considerada a partir de dois aspectos: o primeiro, a partir de sua *função*, apresentada na teoria pictórica da proposição; o segundo, a partir de sua *estrutura*, descrita na teoria da função proposicional. A teoria pictórica trata da função descritiva da linguagem e da sua capacidade de afigurar os fatos no mundo. Já a teoria da função proposicional, por sua vez, trata da maneira como a linguagem é estruturada para que seja possível realizar essa afiguração.

Para Wittgenstein, a linguagem é a totalidade das proposições[39]. Seguindo Frege, ele não só considera a proposição como a menor unidade linguística, mas também a assume como sendo o conceito fundamental da sua teoria da linguagem. De fato, o autor do *Tractatus* transforma a proposição no objeto de sua análise crítica e no ponto de partida de suas investigações sobre a linguagem. Já nos *NB*, em 22/01/1915, ele escreveu que todo o seu trabalho consiste em explicar a natureza das proposições. Neste contexto, explicar a essência das proposições nada mais é do que estabelecer as condições necessárias para a existência da linguagem. Repare-se que, sendo assim, fica claro que o interesse wittgensteiniano não incide sobre as

---

39. Cf. *TLP*, 4.001.

características que algumas linguagens podem possuir, mas seu objetivo é esclarecer as características essenciais que, sob o ponto de vista lógico, toda e qualquer linguagem deve obrigatoriamente possuir.

Para Wittgenstein, todas as proposições são "resultados de operações de verdade com proposições elementares"[40]. Representar uma proposição como resultado de uma operação de verdade é representá-la como função de verdade das proposições que a compõem[41]. Assim, a proposição é, para Wittgenstein, "uma função de verdade das proposições elementares"[42], sendo essas os argumentos dessas funções[43]. Quer isso dizer que é através da articulação das condições de verdades das proposições elementares por meio de operações lógicas (negação, adição lógica, multiplicação lógica) que as proposições são formadas. Naturalmente, essa compreensão poderá nos levar a pensar que há dois tipos diferentes de proposições no *Tractatus*, a saber: a proposição (*Satz*), por um lado, e a proposição elementar (*Elementarsatz*), por outro lado. Contudo, essa distinção é apenas aparente,

---

40. *TLP*, 5.3.

41. Cf. *TLP*, 5.234.

42. *TLP*, 5.

43. Cf. *TLP*, 5.01.

pois todas as "proposições", que são funções de verdade de "proposições elementares", podem ser totalmente redutíveis às proposições elementares que as compõem. Sendo assim, podemos pensar a linguagem como constituída unicamente de proposições elementares, uma vez que todas as proposições da linguagem podem ser analisadas em termos dessas proposições.

Apesar de a noção de *Elementarsatz* ser importante para a compreensão de toda a teoria linguística tractatiana, Wittgenstein, em momento algum de seu livro, determina ou mesmo aponta quais proposições são elementares. O que apenas temos de sua parte é uma especificação muito geral de alguns requisitos que uma proposição deve preencher para que seja considerada elementar. São eles:

(1) A *Elementarsatz* é uma *figuração* da realidade. Para o *Tractatus*, "a proposição elementar assere a existência de um estado de coisas"[44]. Desse modo, todo o trabalho de afigurar a realidade deve poder ser feito apenas através de proposições elementares. Essa tese se expressa na afirmação de que "a especificação de todas as proposições elementares verdadeiras descreve o mundo completamente"[45];

---

44. *TLP*, 4.21.

45. *TLP*, 4.26.

(2) Uma *Elementarsatz* deve ser *logicamente independente*. Nenhuma proposição elementar é derivada de outra. Dizer que duas proposições são logicamente independentes, portanto, é dizer que não pode ser o caso que haja uma implicação lógica entre elas, pois "de uma proposição elementar nenhuma outra se pode deduzir"[46]. Se determinada proposição p implicar logicamente a proposição q, isso deve revelar que o sentido de p já contém o sentido de q, ou seja, que q é um dos componentes funcionais de p;

(3) A *Elementarsatz* é essencialmente *positiva*. Toda proposição elementar afigura, verdadeira ou falsamente, um fato, isto é, a existência de um estado de coisas, uma determinada combinação de objetos. Assim, as proposições elementares sempre *dizem* que algo é o caso, um fato *positivo*, e não que algo não é o caso;

(4) A *Elementarsatz* só pode ser falseada por uma única maneira: quando os elementos que ela afigura não correspondem ao que ela diz;

(5) A quinta, e certamente a mais importante característica de uma *Elementarsatz*, é que ela é uma combinação de nomes. De fato, o autor do *Tractatus* afirma que a proposição elementar é "a

---

46. Cf. *TLP*, 5.134.

proposição mais simples", e consiste apenas de uma "vinculação, um encadeamento de nomes"[47]. Sendo assim, ela é uma função de verdade de si mesma, e não admite que a partir dela seja obtida alguma outra proposição elementar[48].

A natureza dos nomes

A partir dessa última característica, chegamos a uma categoria linguística importante na concepção de linguagem no primeiro Wittgenstein: os nomes. Os nomes constituem a noção linguística mais simples do *Tractatus*, porque são "os sinais simples empregados na proposição". Por ser simples, nenhum nome pode "mais ser desmembrado por meio de uma definição", pois ele "é um sinal primitivo"[49]. Desse modo, nenhum nome tem significado isoladamente, a menos que seu significado seja explicitado[50]. Por isso, é só no contexto da proposição que um nome tem significado, e ele "aparece na proposição apenas no contexto da proposição elementar"[51].

---

47. *TLP*, 4.22, 4.221.

48. Cf. *TLP*, 4.21, 5.

49. *TLP*, 3.202, 4.24, 3.26.

50. Cf. *TLP*, 3.261, 4.026.

51. *TLP*, 3.3, 4.23.

Para o autor do *Tractatus*, em sua função descritiva, os nomes que compõem a linguagem representam, linguisticamente, os objetos[52]. Nesse caso, da mesma maneira que os objetos se caracterizam por suas possibilidades de combinação com outros objetos, os nomes, na linguagem, também se caracterizam por suas possibilidades de combinação com outros nomes. São exatamente essas possibilidades de combinação de nomes que constituem a sintaxe lógica da linguagem, pela qual se produzem os encadeamentos significativos de nomes que se denominam proposições. Na linguagem, os nomes só se apresentam em combinação, e é somente nesses encadeamentos que eles possuem significado[53]. "O objeto", afirma o *Tractatus*, "é o seu significado"[54]. Se o objeto é o significado do nome, a significação linguística de um nome está necessariamente ligada à existência de um objeto que ele nomeia. Isso implica dizer que, se esse objeto não existir, o nome também não terá significado algum.

Enquanto os nomes possuem significados, as proposições caracterizam-se por possuir sentido[55].

---

52. Cf. *TLP*, 3.203.

53. Cf. *TLP*, 3.3.

54. *TLP*, 3.203.

55. Cf. *TLP*, 3.3.

O sentido da proposição é o que ela está *dizendo*, e o que ela *diz* é que os objetos, representados pelos nomes que a compõem, estão combinados entre si na realidade. Assim, a proposição expressa a existência de uma combinação de objetos exatamente por ser uma combinação de nomes. Se os objetos representados pelos nomes que compõem a proposição estão efetivamente combinados na realidade, a proposição é verdadeira; caso contrário, ela é falsa. Convém notar que, nesse caso, uma proposição tem sentido mesmo quando não exista a combinação efetiva dos objetos que ela *diz* que existe. Obviamente, se a proposição não tiver sentido, não estará *dizendo* nada, e não poderá, consequentemente, ser verdadeira ou falsa. Porém, uma proposição só tem sentido se ela determina um lugar específico no espaço lógico[56]. Esse lugar é determinado pela forma lógica que ela possui, a qual é a condição essencial para o sentido. Devido à própria maneira indiferenciada pela qual os estados de coisas se agregam em fatos, as proposições complexas apresentam a importante característica de que sua verdade ou falsidade depende apenas da verdade ou falsidade das proposições elementares que as compõem como argumentos da função de verdade dessas proposições.

---

56. Cf. *TLP*, 3.4.

Para Wittgenstein, portanto, todas as proposições com sentido são funções de verdade de proposições elementares, e estas se caracterizam, por sua vez, por serem simples e independentes. Contudo, todas essas categorias linguísticas tractatianas (as proposições que se desdobram em proposições elementares, que por sua vez são uma vinculação de nomes irredutíveis) possuem uma forte correlação com a estrutura do mundo, e isso redundará naquilo que ficou conhecido como a teoria pictórica da proposição.

Quinta lição

Teoria pictórica, *o dizer* e o *mostrar*, e o místico

A *teoria pictórica da linguagem* é a característica mais distintiva e original da abordagem que Wittgenstein faz da linguagem na primeira fase do seu pensamento. Nela, a proposição é considerada como sendo realmente um tipo de figuração, onde os elementos da figuração e daquilo que é afigurado se correspondem isomorficamente. Para que o ato de afiguração linguística do mundo seja realizado, algumas condições devem ser satisfeitas. A primeira e mais importante delas é que "deve haver algo de idêntico entre a figuração e o afigurado, a fim de que possa ser, de modo geral, uma figuração do outro"[57]. Nesse caso, a figuração (proposição) é o que representa o afigurado (fato). O "algo idêntico" entre a figuração e o afigurado é a "forma de afiguração"[58], que nada mais é do

---

57. *TLP*, 2.161.

58. *TLP*, 2.17.

que a "forma lógica"[59], isto é, a "forma da realidade". Dessa maneira, e segundo o *Tractatus*, o mundo possui uma forma, que é dada pela forma lógica dos objetos que o constituem, e a figuração linguística do mundo só poderá ser efetuada se ela tiver a mesma *forma* do mundo[60].

Por definição, "a forma de afiguração é a possibilidade de que as coisas estejam umas para as outras tal como os elementos da figuração"[61]. Há diferentes formas de afiguração: umas são espaciais; outras, coloridas etc. Contudo, toda figuração deve ter uma forma *comum* com o afigurado para que a primeira seja uma figuração do último. Essa forma comum entre ambos é a forma *lógica* de afiguração. É só em virtude de ter essa forma lógica comum entre linguagem e mundo que se torna possível a figuração do mundo por parte da linguagem[62]. A ideia wittgensteiniana de afiguração linguística pressupõe a existência de objetos simples, dado que, para ele, uma figuração representa uma combinação de elementos, isto é, uma combinação de objetos[63], onde cada um dos ele-

---

59. *TLP*, 2.18, 2.2.

60. Cf. *TLP*, 2.171.

61. *TLP*, 2.151.

62. *TLP*, 2.18.

63. Cf. *TLP*, 2.11.

mentos da figuração está, na figuração, no lugar de um dos objetos do afigurado[64]. Essa correlação existente entre os elementos da afiguração e os objetos no mundo é exatamente o que no *Tractatus* se denomina de *relação afiguradora*[65]. Tal relação é aquilo que precisamente garante o isomorfismo entre a figura e o afigurado, possibilitando assim que os fatos sejam afigurados pela linguagem. Ou seja, é a relação afiguradora que suporta toda estrutura isomórfica da afiguração, fazendo com que os elementos da figuração representem os objetos do afigurado. Esses elementos simples que representam linguisticamente os objetos são, como já visto, os *nomes*[66], cujos significados são dados pelos respectivos objetos por eles representados. Desse ponto de vista, a significação linguística de um nome está necessariamente ligada à existência de um objeto que ele nomeia, pois, se os objetos não existissem, os nomes não teriam significado algum.

A figuração lógica dos fatos é, para Wittgenstein, o pensamento[67]; e o pensamento é definido por ele como sendo "a proposição com senti-

---

64. Cf. *TLP*, 2.13-2.131, 2.1514.

65. Cf. *TLP*, 2.1513.

66. Cf. *TLP*, 3.203.

67. Cf. *TLP*, 3.

do"[68]. A proposição dotada de sentido é, assim, uma figuração lógica do fato que ela descreve. Todo pensamento é expresso "sensível e perceptivelmente" na proposição[69]. O sinal por meio do qual o pensamento é expresso é denominado, no *Tractatus*, de "sinal proposicional". O que faz de uma proposição a figuração de um fato é que ela obedece a um *método de projeção*. Esse método estabelece a relação projetiva entre os signos proposicionais da linguagem e os fatos do mundo que eles podem expressar. Segundo Wittgenstein, "o método de projeção é pensar o sentido da proposição"[70]. Tal método, portanto, determina os usos possíveis dos sinais proposicionais, relacionando-os aos seus respectivos objetos correspondentes. Sendo o método de projeção o *pensar* o sentido da proposição, é por meio do pensamento que as linhas de projeção vão da proposição ao fato.

Com efeito, o sinal proposicional em sua relação projetiva com o mundo é a proposição[71]; e é exatamente nessa expressividade sensível do pensamento que a proposição torna-se "uma figuração da realidade", "um modelo da realida-

---

68. *TLP*, 4.

69. *TLP*, 3.1.

70. *TLP*, 3.11.

71. Cf. *TLP*, 3.12.

de tal como *pensamos* que seja"[72]. Esses traços estruturais comuns entre a linguagem e o mundo possibilitam que "a figuração se enlace com a realidade"[73]. Os resultados desse enlace ficam evidentes quando relacionamos os elementos que estruturam o mundo e a linguagem, e percebemos o paralelo que existe entre eles. Assim como "o mundo é a totalidade dos fatos", "a linguagem é a totalidade das proposições"[74]. Os fatos que constituem o mundo são desmembrados em estados de coisas[75]; já as proposições, que constituem a linguagem, são desmembradas em proposições mais simples, chamadas de proposições elementares[76]. Do mesmo modo que os estados de coisas são uma vinculação lógica de objetos[77], as proposições elementares são um encadeamento, uma vinculação lógica de nomes[78]. E, por fim, da mesma maneira que os objetos são os elementos simples e irredutíveis que constituem o mundo, os nomes são

---

72. *TLP*, 4.01, 4.021 (destaque nosso).

73. *TLP*, 2.1511.

74. *TLP*, 1.1, 4.001.

75. Cf. *TLP*, 2, 2.04.

76. Cf. *TLP*, 4.21.

77. Cf. *TLP*, 2.01.

78. Cf. *TLP*, 4.22, 4.221.

os sinais simples empregados na proposição[79]; e são também irredutíveis, porque não podem mais ser desmembrados: são sinais primitivos[80]. Diante disso, percebe-se que a teoria pictórica da linguagem pressupõe uma elaborada ontologia atomista de objetos irredutíveis, que nos leva ao estabelecimento dessas relações pictóricas.

Quando o estado de coisas que a figuração representa existe, a figuração é verdadeira; caso contrário, ela é falsa. Uma figuração será uma figuração; e, desse modo, sempre manterá uma relação afiguradora com a realidade, independentemente de que aquilo que ela figura exista, ou seja, de ela ser verdadeira ou falsa. Porém, para sabermos se uma figuração é verdadeira, deve-se compará-la com a realidade. Por isso, não se pode saber *a priori* se uma figuração é verdadeira[81]. Assim, dadas as descrições de todos os estados de coisas por meio das proposições elementares (e, exatamente por isso, de todos os fatos), também estariam dadas todas as proposições que descreveriam esses fatos. Como a totalidade dos fatos é o mundo[82] e todas as proposições que descrevem

---

79. *TLP*, 3.202, 4.24.

80. Cf. *TLP*, 3.26.

81. Cf. *TLP*, 2.223-2.225.

82. Cf. *TLP*, 1, 1.1.

esses fatos constituem a linguagem[83], o mundo, portanto, estaria dado pelas descrições de todas as proposições da linguagem[84]. Eis, em tese, toda a teoria pictórica da proposição.

A distinção entre o *dizer* e o *mostrar*

Conceber a proposição como figura é compreender a função essencial e única da linguagem: a sua capacidade de descrição. Todavia, em sua função descritiva, a linguagem possui limites, cujas demarcações estão definidas na doutrina tractatiana da distinção entre *dizer* e *mostrar*. A distinção entre *dizer* e *mostrar* consiste na diferença entre aquilo que pode ser *dito* (descrito) pela linguagem, e aquilo que só pode ser *mostrado*. Tudo o que pode ser *dito*, só pode ser *dito* pela linguagem. Sendo a linguagem a totalidade das proposições que descrevem os fatos no mundo, o que pode ser *dito*, portanto, é o que pode ser descrito por ela. Dado que o que a linguagem pode descrever é o que pode ser afigurado pelo pensamento, ou seja, os fatos no mundo, ela – em sua função descritiva – não pode *dizer* nada além dos fatos afigurados pelo pensamento. Somente a linguagem que figura o mundo *diz* algo.

---

83. Cf. *TLP*, 4.001.

84. Cf. *TLP*, 5.526.

Porém, embora "a figuração pode afigurar toda a realidade cuja forma ela tenha", a estrutura comum entre a figura e o afigurado, "a figuração não pode afigurar; ela a *exibe*"[85]. Ou seja, a linguagem que *diz* o mundo não tem a capacidade de *dizer* a própria estrutura que a permite figurar o mundo. Essa estrutura da linguagem *mostra*-se no *dizer* o mundo. O que constitui uma proposição como tal não se deixa representar; não se deixa *dizer*. Isso *se mostra* no próprio ato do entendimento da proposição, isto é, no ato da projeção. A proposição não pode descrever a maneira como ela descreve a realidade. A forma lógica comum entre a linguagem e a realidade "se espelha na proposição" e, por isso, não pode ser representada por ela. Para que a linguagem pudesse *dizer* o modo como ela descreve a realidade, ela deveria se instalar fora dos domínios da lógica, quer dizer, fora do mundo[86]. Mas, "o que *se* exprime na linguagem, *nós* não podemos exprimir por meio dela". Portanto, ao descrever um fato no mundo, a proposição "*mostra* como estão as coisas *se* for verdadeira. E *diz que* estão assim"[87]. Em outras

---

85. *TLP*, 2.172 (destaque nosso).

86. Cf. *TLP*, 4.12.

87. *TLP*, 4.022.

palavras, na sua função descritiva, a linguagem apenas *diz* que as coisas no mundo estão articuladas de uma determinada maneira. No entanto, ela jamais pode *dizer* como essas coisas se articularam, e muito menos como a proposição consegue afigurar os fatos, pois ela não pode descrever a estrutura lógica comum entre a proposição e o fato afigurado, entre ela e o mundo. Isso apenas se *mostra*. Para descrever a figuração, teríamos de sair da própria linguagem. Todavia, isso é impossível; pois não podemos *dizer* nada sem a linguagem ou fora dela. O que pode ser *dito* está reduzido ao campo da linguagem descritiva: só as proposições que representam, que figuram o mundo, *dizem* algo.

As coisas que só podem ser *mostradas*

Além da estrutura comum entre a linguagem e o mundo – a forma de afiguração –, encontramos um conjunto de coisas que, segundo o *Tractatus*, só podem ser *mostradas*. "Há por certo o inefável", diz ele; mas "isso se *mostra*, é o místico"[88]. No *Tractatus*, o místico denota o conteúdo do sentimento ou da intuição do mundo sob o ponto de vista da eternidade. "A intuição do mundo *sub*

---

88. *TLP*, 6.522.

specie aeterni é sua intuição como totalidade – limitada. O sentimento do mundo como totalidade limitada é o sentimento místico". Ver o mundo sob essa ótica é ver o mundo além do espaço e do tempo; é vê-lo além da mera contingência dos fatos. Para Wittgenstein, "o místico não é *como* o mundo é, mas *que* o mundo é"[89]. Quer dizer, *que* o mundo existe denota algo de misterioso, que se traduz precisamente na impossibilidade de se *dizer* alguma coisa com sentido sobre tal existência. E é só através do sentimento místico que conseguimos nos dar conta do mistério que permeia a existência do mundo. É exatamente nesse campo do inefável, do místico, onde o autor do *Tractatus* situa a Lógica[90], a Ética[91], a Estética[92] e a Religião[93].

Quanto às proposições da lógica, Wittgenstein afirma que elas nada *dizem*, mas somente *mostram* algo. Elas não afiguram o mundo, pois são, *a priori*, verdadeiras ou falsas. Trata-se das tautologias[94] e das contradições[95]. Uma tautologia que afirma,

---

89. *TLP*, 6.44.

90. Cf. *TLP*, 6.11, 6.13.

91. Cf. *TLP*, 6.4-6.421.

92. Cf. *TLP*, 6.421.

93. Cf. *TLP*, 6.432.

94. Cf. *TLP*, 6.12.

95. Cf. *TLP*, 6.1302.

por exemplo, "*chove ou não chove*", nada *diz* sobre um estado de coisas do mundo, mas *mostra* os limites do mundo. *Mostra* que no mundo algo pode ou não existir. "As proposições lógicas descrevem a armação do mundo, ou melhor, representam-na. Não 'tratam' de nada"[96]. Elas *mostram* que a lógica é a essência do mundo; é a condição para que possamos utilizar a linguagem. É por isso que, para o autor do *Tractatus*, a lógica não é uma teoria que explica as relações linguísticas, mas uma "imagem especular do mundo"[97]. Sendo a superfície refletora do mundo, a lógica é independente de tudo: "ela cuida de si mesma"[98]. É independente porque anterior a todas as coisas: ela é transcendental[99]. Esse caráter *aprioristico* faz com que a lógica anteceda toda experiência; faz com que ela anteceda e condicione o *como* as coisas estão[100]. Possuindo essas características, "as proposições da lógica, portanto, não *dizem* nada (são as proposições analíticas)"[101]. São proposições

---

96. *TLP*, 4.461, 6.124.

97. *TLP*, 6.13.

98. Cf. *TLP*, 5.473.

99. Cf. *TLP*, 6.13.

100. *TLP*, 5.552.

101. *TLP*, 6.11.

que nada *dizem* de novo sobre a realidade, e que se contrapõem às proposições sintéticas: aquelas oriundas da experiência.

De maneira semelhante, o *Tractatus* compreende as chamadas proposições da ética e da estética. Sem qualquer margem de dúvida, a ética ocupa um lugar primordial na primeira fase da filosofia wittgensteiniana. A verdade dessa afirmação pode ser claramente atestada pelo excerto da carta que ele escreve para o editor do *Tractatus*, Ludwig von Ficker, quando da sua publicação:

> Na realidade, porém, o livro não lhe será estranho, dado que a sua temática é ética. Eu pretendia incluir algumas palavras a respeito no prefácio que não foram incluídas, mas que transcrevo em seguida porque talvez possam lhe fornecer uma chave. Eu pretendia esclarecer que a obra consiste em duas partes: a que está aqui e tudo aquilo que eu *não* escrevi. E a parte mais importante é precisamente a segunda. Pois a ética é delimitada internamente, por assim dizer, em meu livro; e estou convencido de que, *estritamente* falando, ela só pode ser delimitada dessa maneira. Em resumo, penso que tudo aquilo sobre o que *muitos* hoje estão dis-

correndo a *esmo* eu defini em meu livro simplesmente calando-me a respeito[102].

Wittgenstein afirma que a temática do *Tractatus* é a ética, e não a lógica ou a matemática, como geralmente se afirma. Segundo ele, tanto a ética quanto a estética ocupam-se do que possui valor[103]. Porque no mundo "tudo é como é e tudo acontece como acontece", não pode haver "*nele* nenhum valor"[104]. Não há *porquês* sobre o mundo que obtenham respostas vindas do próprio mundo; e também não encontramos no mundo respostas à pergunta sobre o sentido da vida e do mundo, pois o que temos nele são fatos, regidos pelas leis lógicas, e isso não contém nada de valor. Dessa maneira, o mundo com seu casualismo e contingentismo não pode fundar nenhum valor. Sendo assim, o valor do mundo deve ter sua origem fora dele, em algo necessário. "Se houvesse valor no mundo, não teria nenhum valor. Se há algum valor que tenha valor, este deve estar fora do mundo"[105].

É pelo fato de as proposições serem figuras do mundo e, portanto, retratarem fatos no mundo, "que tampouco pode haver proposições na ética"

---

102. Cf. Monk, 1995, p. 170-171.

103. Cf. *TLP*, 6.41-6.421.

104. *TLP*, 6.41.

105. *TLP*, 6.41.

e na estética. "Proposições não podem exprimir nada de mais alto"[106]: elas só descrevem fatos no mundo. Se elas não figuram o mundo, nada *dizem*. Se por não figurarem nada *dizem*, não pode haver, de modo algum, proposições na ética e na estética. Porém, ao expressar isso o autor do *Tractatus* não está afirmando que elas não existam ou devam ser deixadas de lado. A impossibilidade de se *dizer* proposições éticas e estéticas não equivale a afirmar que tanto a ética como a estética não existam. Wittgenstein não está refutando a existência da moralidade ou mesmo da arte. O que ele está fazendo é apenas atestando a inefabilidade de se falar sobre essas coisas; pois, ao tentarmos falar sobre elas, estaríamos nos situando fora dos domínios da lógica, ultrapassando assim os limites da linguagem, ou seja, daquilo que pode ser *dito*. Percebe-se, além disso, que as concepções wittgensteinianas de ética e estética são caracterizadas por fortes aspectos pessoais e contemplativos, o que nitidamente denuncia a influência de autores como Weininger e Schopenhauer. Aliás, é inclusive de *Sexo e caráter*, de Weininger, que o autor do *Tractatus* extrai a famosa ideia de que "ética e estética são uma e mesma coisa"[107].

---

106. *TLP*, 6.42.

107. Cf. WEININGER, O. *Sex and Character*. Nova York: A.L. Burt Company, 1906, p. 159.

Além da lógica, da ética e da estética, a religião também entraria no conjunto das coisas que nada *dizem*. Empregamos o termo religião aqui para denotar o discurso sobre Deus. A palavra "Deus" aparece apenas em quatro aforismos do *Tractatus*[108]. Dentre eles, encontramos o aforismo 6.432: "*Como* seja o mundo, é completamente indiferente para o Altíssimo. Deus não se revela *no* mundo". Dizer que Deus não se revela *no* mundo é negar qualquer relação entre Deus e os fatos no mundo. Ou seja, Deus não está preocupado com o *como* as coisas estão no mundo, visto que isso está ligado à contingência dos fatos, à sua mutabilidade e instabilidade. Para ele, porém, Deus está além dos fatos, situado no campo do *místico*, que é definido como consistindo no *que* o mundo é, e não ao *como* ele é[109]. Assim, nenhum fato *diz* nada sobre Deus. E, como somente fatos podem ser *ditos*, nada podemos falar acerca de Deus: ele apenas se *mostra*. O "discurso" sobre Deus é inefável, e, segundo o *Tractatus*, qualquer tentativa de fazê-lo desembocaria num contrassenso.

Diante do exposto, percebe-se que as observações wittgensteinianas sobre o *místico* não são simplesmente anotações desarticuladas com o

---

108. Cf. *TLP*, 3.031, 5.123, 6.372, 6.432.

109. *TLP*, 6.44.

restante do livro. Pelo contrário, Wittgenstein dá certa importância a esse assunto porque nele está manifesto o ápice de toda a sua distinção entre *dizer* e *mostrar*. E, independentemente das reações que essas considerações possam causar entre os leitores do *Tractatus* (como aconteceu inclusive com Russell, que estranhou o fato de o Sr. Wittgenstein no final das contas dizer um monte de coisas que não podiam ser *ditas*), é falando sobre o místico que Wittgenstein manifesta a essência de toda a proposta filosófica do *Tractatus*, nomeadamente, estabelece um limite do interior da própria linguagem para aquilo que pode ser *dito* e, consequentemente, o que só deverá ser *mostrado*. Como visto, só podemos *dizer* os fatos no mundo: somente eles têm esse privilégio. O que se *mostra*, o místico, não se constitui como fato no mundo e, portanto, é aquilo sobre o que nada podemos falar. Com efeito, "o que *pode* ser mostrado não *pode* ser dito"[110]. Por isso, diante daquilo que se *mostrar*, a melhor atitude é a de "calar-nos"[111]. Entretanto, dados os próprios pressupostos do *Tractatus*, porque inefável, nada do que dissermos sobre o ver o mundo sob a perspectiva da eternidade terá qualquer sentido.

---

110. *TLP*, 4.1212.

111. Wittgenstein, 1993, p. 131.

Sexta lição

A linguagem como um jogo e os *jogos de linguagem*[112]

Um dos conceitos-chave na chamada *Spätphilosophie* de Wittgenstein é o conceito de *jogos de linguagem*. A ideia central que subjaz a essa comparação particular entre a linguagem e o jogo é, com efeito, a de fazer-nos ver, pelos jogos, os vários aspectos de nossa linguagem que muitas vezes nos são alheios. Os jogos são atividades públicas que pressupõem o uso de regras, reações comuns, habilidades, disposições, certas capacidades geradas pelo domínio de técnicas etc. Equiparada com eles, a linguagem é, dessa perspectiva, concebida como uma *práxis*, isto é, como uma atividade humana também guiada por regras, cuja efetivação pressupõe, igualmente, reações comuns, capacidades adquiridas por meio de treino, o domínio da técnica de sua aplicação etc.

---

112. Os temas desta lição foram ampliados em um artigo (cf. ARRUDA JÚNIOR, G.F. Linguagem e jogo: aspectos fundamentais do conceito wittgensteiniano de *Sprachspiele*. *Perspectiva Filosófica*, vol. 41, n. 1, p. 12-27. Recife.

A linguagem e as ações humanas

Um dos principais aspectos para o qual a analogia entre as práticas da linguagem e as práticas do jogo deseja chamar a nossa atenção é o da alegada conexão existente entre o falar de uma língua e as ações humanas. Tal ideia baseia-se na convicção wittgensteiniana de que toda a prática da linguagem está totalmente imersa num complexo de ações. Assim, os *jogos* que constituem a linguagem compreendem não só as expressões da linguagem, mas também todas as ações com as quais essas expressões estão interligadas[113]. O conjunto resultante dessa especial imbricação entre a linguagem e as atividades a ela associadas – também designado pelos termos: "o jogo de linguagem", "jogo de linguagem total", "jogo de linguagem humano", "nosso jogo de linguagem"[114] – constitui aquilo que o autor das *Investigações* chamou de *forma de vida* humana.

Desse ponto de vista, a linguagem não pode ser concebida como uma estrutura abstrata, separada e isolada em si mesma, mas deve ser considerada como uma prática que penetra e está indissoluvelmente ligada a todas as atividades desen-

---

113. Cf. *IF*, § 7.
114. Cf., respectivamente, *LC*, p. 108; *SC*, § 554-559.

volvidas e efetuadas pelos seres humanos. A consequência mais imediata dessa maneira de pensar é a de que não é possível entender o fenômeno linguístico sem nos atermos à participação ativa dos seres humanos em sua utilização e em suas constantes mudanças. Ao assegurar essa necessária participação intersubjetiva dos seres humanos no desenvolvimento e efetivação das práticas linguísticas, Wittgenstein considera esse fenômeno humano como sendo um produto da atividade social dos homens.

As diversas funções da linguagem

Dessa perspectiva, há incontáveis maneiras pelas quais a linguagem se entrecruza com as ações humanas e dos inúmeros detalhes que podem ser encontrados nas *circunstâncias* em que se dão as práticas linguísticas, que a perspectiva pragmática defende a ideia de que os *jogos* que constituem a linguagem são muito variados. Defende que há uma "indizível diversidade de todos os jogos de linguagem"[115]. A suposição de que há uma enorme multiplicidade de *jogos* nos faz ver outros dois aspectos do fenômeno linguístico con-

---

115. *IF*, II, p. 289.

cebido da perspectiva pragmática, que a analogia entre a linguagem e o jogo tenciona mostrar.

O primeiro deles é o aspecto heterogêneo da linguagem. Com tal aspecto, Wittgenstein deseja evidenciar tanto o caráter instrumental da linguagem como os seus variados modos de aplicação[116]. Quer mostrar, portanto, que o fenômeno linguístico assume diferentes finalidades no conjunto das atividades humanas. Tais funções são demonstradas pelos múltiplos e incontáveis *jogos de linguagem*, que podem ser distinguidos em diferentes níveis de complexidade e generalidade. "Dar ordens", "descrever um objeto", "cantar", "praguejar", "mentir", "inventariar os *usos* que fazemos de determinadas palavras (como: "jogo", "ler", "dor")", "fazer previsões" etc., são alguns exemplos das funções assumidas pelos *jogos* que constituem a linguagem[117]. Assim concebidos, tais *jogos* referem-se a atividades linguísticas específicas, isto é, a certos modos de aplicação e instrumentalização funcionais da linguagem. Referem-se, assim, a qualquer um dos muitos e variados *usos* que fazemos dela e, por isso mesmo, trata de atividades linguísticas reais, diária e efetivamente praticadas pelos utentes da linguagem.

---

116. P. ex., *IF*, § 360, 421, 569.

117. Cf., respectivamente, *IF*, § 23, 249, 71, 156-171, 630.

A linguagem e sua "essência"

O segundo aspecto é o de que tal pressuposição torna impossível a elaboração de uma teoria geral da linguagem, isto é, uma teoria que consiga encerrar, em suas definições, a "essência" da linguagem. O que suporta toda esta ideia é o fato de que, do seu ponto de vista, a linguagem é um conceito dado por *semelhanças de família*. Um conceito dado por *semelhanças de família* é um conceito cujos contornos não nos são dados por um "único fio condutor", uma essência, uma *definição*, que percorra todos os casos existentes em tal domínio, mas tais contornos nos são traçados, por assim dizer, pela sobreposição de diferentes fibras, como de uma corda. Assim sendo, quanto mais fibras se cruzarem, mais alargado será o conceito. Numa imagem wittgensteiniana, a robustez da corda não consiste em que *uma* fibra qualquer perpasse toda a sua extensão, mas em que muitas fibras se sobreponham umas às outras[118]. Exemplificando isto com o caso da própria linguagem, quer isto dizer que não há uma mesma característica que seja partilhada por todos os *jogos* que a constituem. Repara-se que isto não implica negar que cada um dos *jogos de linguagem* não deva ter característi-

---

118. Cf. *LC*, p. 87; *GF*, 75; *IF*, § 67.

cas comuns com outros *jogos*. Mas quer defender que o que não há é absoluta igualdade entre dois *jogos de linguagem* quaisquer: não existe qualquer "essência comum". Assim concebidos, os *jogos de linguagem* são *parentes* uns dos outros de maneira diversa[119], isto é, eles formam uma *família de casos*[120] que caem sob o mesmo conceito, mas que têm a característica de não possuir uma propriedade comum.

Ao pôr termo à busca pela "essência" da linguagem, o que Wittgenstein deseja realmente é ratificar a ideia de que a linguagem não pode ser concebida como "uma unidade formal", mas que ela é, antes, "um labirinto de caminhos", "uma família de estruturas mais ou menos aparentadas entre si"[121], na qual se efetiva uma complexa rede de ações sociais, partilhada na *forma de vida* que caracteriza os utentes da linguagem. Ou seja, aquilo que é suposto encontrarmos no fundo dos *jogos* que constituem a linguagem[122] é o *agir* humano e, por isso, a pura factualidade das ações humanas é a própria "condição última" de justificação para a prática do fenômeno linguísti-

---

119. Cf. *SC*, § 256; *IF*, § 65-67.

120. *IF*, § 67.

121. *IF*, § 203; § 108.

122. Cf. *SC*, § 204; *CE*, p. 377.

co, dado que se admite ser impossível encontrar um fundamento ulterior para os comportamentos comuns da humanidade. Portanto, é nas nossas *ações* que a cadeia de justificativas encontra o seu fim. Quer isso dizer que o que está na origem da linguagem são, na verdade, re-*ações* que, apesar de diversas (um olhar, um gesto, uma palavra)[123], são caracterizadas como sendo comportamentos normativos, sobre os quais (e só sobre eles) as formas complexas da linguagem podem se desenvolver. Assim compreendida, a linguagem passa a ser considerada como um refinamento desses modos normativos de ações humanas, e os *jogos* que a constituem passam todos a fazer parte de nossa história humana[124].

A linguagem e suas regras

O cariz normativo das ações humanas aqui defendido nos remete imediatamente para o outro aspecto realçado na analogia entre a linguagem e o jogo, a saber: a regularidade existente em nossa linguagem. Wittgenstein sempre concebeu a linguagem como um fenômeno constituído de regras. Todavia, as regras linguísticas aqui evoca-

---

123. Cf. *IF*, II, p. 282.

124. Cf. *CV*, 1937; *CE*, p. 395; *SC*, § 256.

das não são as regras da ortografia gramatical que vêm impressas nos manuais pedagógicos, mas são regras que fundamentam, num sentido filosófico, o *uso* e a prática de tudo aquilo a que chamamos "linguagem". São, portanto, as regras que compõem a *gramática* das palavras, isto é, são regras que governam a ampla e complexa multiplicidade de situações de *usos* das palavras que compõem as nossas mais diversas práticas linguísticas.

De acordo com a pragmática, as regras da linguagem constituem, portanto, os padrões de correção por meio dos quais podemos avaliar e julgar, correta ou incorretamente, os *usos* das palavras e, com eles, os seus significados. Desse ponto de vista, porque as regras da linguagem definem ações, os *usos* corretos ou incorretos das palavras fazem com que tais ações sejam julgadas como *normais* ou *anormais*, respectivamente, e é somente nos casos *normais* que o emprego das palavras é claramente prescrito[125]. Quer isso dizer que as regras linguísticas não descrevem como os utentes da linguagem devem falar, mas apenas definem o que é falar *corretamente*, isto é, definem os limites dos *usos* das palavras empregadas por eles nas circunstâncias específicas em que se encontram. Contudo, o que na verdade dá suporte ao caráter

---

125. *IF*, § 141.

normativo assumido pela pragmática de Wittgenstein é a pressuposição de que a regularidade de nossa linguagem permeia as nossas vidas. A perspectiva que se instaura como decorrência disso é a de que falar uma linguagem é, antes de tudo, adotar determinados comportamentos regulares. Essa complexa rede de ações regulares é, no fundo, uma rede de ações compartilhadas pelos utentes da linguagem, e o conjunto dos "modos de agir comuns" desses utentes (sejam tais modos simples ou complexos) não só desempenha um importante papel no processo de significação das palavras, como também constitui o sistema de referência por meio do qual interpretamos uma língua diferente da nossa[126]. É precisamente o caráter pragmático e normativo de tal concepção de linguagem que, como veremos a seguir, reivindica uma necessária reformulação não só no modo como *usamos* e significamos as palavras, mas também como aprendemos e compreendemos a linguagem.

---

126. Cf. *IF*, § 206.

Sétima lição
Uso e significado das palavras

Ao considerar a linguagem como uma atividade social, Wittgenstein propõe um novo conceito de *uso* das palavras. No contexto pragmático-linguístico admitido por ele, tais usos tornam-se imprescindíveis à atividade prática da linguagem humana porque se referem aos *usos* que fazemos das palavras nos mais diversos *jogos* que constituem a nossa linguagem. Para ilustrar a diversidade de *usos* que fazemos dos diferentes tipos de palavras, Wittgenstein recorre a várias analogias:

(1) A linguagem é por ele considerada como uma caixa de ferramentas, onde as palavras são equiparadas ao martelo, ao alicate, à serra, à chave de fendas, aos pregos etc. Seu objetivo, com isso, é o de ressaltar que as funções das diferentes palavras são tão distintas quanto as diferentes funções exercidas por essas ferramentas[127].

---

127. *IF*, § 11; *GF*, 31.

(2) A linguagem é comparada com uma cabine de locomotiva. Comparam-se as palavras com as alavancas da cabine, e, à semelhança das alavancas, as palavras, apesar de exteriormente semelhantes, possuem variados modos de operação[128].

(3) Sobre uma folha, as palavras são parecidas, mas suas funções são tão diferentes quanto as linhas de um mapa: umas são fronteiras; outras meridianos; outras, são ruas etc.[129]

(4) Como o dinheiro, as palavras têm muitos *usos*: com aquele, compra-se pão, viaja-se, tem-se um lugar num estádio etc.; com estas, pede-se, descreve-se, informa-se etc.[130]

Conquanto sejam diferentes em suas formas, o que de fato o conteúdo de cada uma dessas analogias deseja evidenciar é que as palavras da linguagem não só não são iguais, como também são *usadas* de maneiras diversas. A multiplicidade dos *usos* que fazemos das "diferentes espécies de palavras" que constituem nossa linguagem é o que produz, segundo esse ponto de vista, as várias funções desempenhadas pela linguagem na vida e nas ações humanas. A ideia de que diferentes pa-

---

128. *IF*, § 12; *GF*, 58; *OF*, 13.

129. *GF*, 58.

130. *GF*, 63.

lavras desempenham diferentes papéis na linguagem e, por conseguinte, em nossa maneira de agir, é ainda ilustrada por Wittgenstein na descrição de um emprego rudimentar da linguagem contida no § 1 das *IF*. A situação descrita é a de alguém que vai às compras com um pequeno pedaço de papel onde está escrito: "cinco maçãs vermelhas". Esse pedaço de papel é entregue ao vendedor que, (a) diante de uma gaveta sobre a qual está escrita a palavra "maçã", (b) de posse de uma tabela na qual se encontram associadas a palavra "vermelho" e a respectiva amostra dessa cor, e (c) sabendo os números naturais até cinco de cor, tira da gaveta uma maçã que tem a cor vermelha, à medida que pronuncia esses números. Os distintos papéis que as palavras, ao serem *usadas*, desempenham em nossa vida[131] são ilustrados através das diversas ações realizadas pelo vendedor, à medida que ele *usa* as palavras "cinco", "maçãs", e "vermelhas". A conclusão extraída dessa analogia é, do ponto de vista pragmático, a de que é exatamente "assim, e de outras maneiras análogas a estes" *usos* apresentados na descrição do *jogo de linguagem* do vendedor, que *operamos* com as diferentes palavras da nossa linguagem.

---

131. *IF*, § 156.

O modo pragmático de significação das palavras

Essas considerações, porém, não apenas descrevem o modo como, segundo Wittgenstein, *operamos* com as palavras, mas elas também nos indicam qual seria, sob a ótica pragmática, o modo correto de colocar a questão sobre como as palavras adquirem os seus respectivos significados. Dessa perspectiva, e fazendo uso do *slogan*: "não pergunte pelo significado, pergunte pelo uso" recomendado – segundo Wisdom – pelo próprio Wittgenstein[132], a maneira correta de colocar a questão sobre a significação das palavras não é perguntando pelo significado delas, mas pelo modo como elas são *usadas*. Perguntado dessa maneira, o significado de uma palavra não lhe é conferido por ela estar associada a um determinado objeto ou mesmo a uma entidade abstrata por detrás dela. Mas o seu significado é dado pelo "seu *uso* na linguagem"[133], isto é, pela "sua *aplicação*"[134]

---

132. Segundo Wisdom, o *slogan* foi recomendado por Wittgenstein como antídoto à ideia de que a significação é um objeto (cf. WISDOM, J. *Paradox and discovery*. Oxford: Basil Blackwell, 1965, p. 87). Porém, tal *slogan* não se encontra em nenhum escrito de Wittgenstein, e durante muito tempo foi atribuído ao próprio Wisdom.

133. *IF*, § 43.

134. *IF*, § 197.

nas diferentes *circunstâncias* que caracterizam os variados *jogos* que compõem a linguagem. Desse modo, possuir ou não significado depende de como a palavra é *usada* em contextos linguísticos efetivos. O *uso* dos sinais *nesses* contextos[135] é, de fato, a instância a partir da qual as palavras, inicialmente inertes e mortas, recebem o fôlego de "vida", quando elas ganham significado[136].

Isso não implica dizer, porém, que é qualquer uso de uma palavra que permitirá que ela adquira um significado. Os *usos* que garantirão um significado às palavras são aqueles *usos* governados pelas regras da *gramática* das palavras, as quais fazem com que elas assumam uma função específica dentro dos *jogos de linguagem* em que elas estão inseridas[137]. Repare-se que, desse modo, à *gramática* não compete dizer como a palavra *tem de* ser *usada*, mas apenas descrever o seu *uso* nos respectivos *contextos* específicos[138].

Ao assegurar que "o significado de uma palavra é um *gênero* de utilização desta", o modo como a pragmática wittgensteiniana concebe a relação entre *uso* e significado pressupõe que deve

---

135. Cf. *Z*, § 587.

136. *IF*, § 432; *LA*, p. 1-15.

137. Cf. *UEFP*, I, § 278-304.

138. Cf. *IF*, § 496.

existir uma correspondência entre os conceitos de "regras" e "significado"[139]. Na verdade, as regras *gramaticais* específicas tornam os "padrões" para o *uso* correto das palavras. Se as palavras forem *usadas* em situações ou contextos diferentes, nos quais as regras sejam diferentes, as suas respectivas significações também serão diferentes, dado que as relações pragmático-linguísticas desenvolvidas em cada uma dessas *circunstâncias* não são iguais. Desse modo, dado que as situações linguísticas diferentes podem gerar significados diferentes para uma mesma palavra, assume-se que o contexto em que ela é *empregada* possui grande peso na determinação de seu significado. Tais contextos são, com efeito, as *circunstâncias* determinadas pela conjunção do conjunto de tudo o que está relacionado com a linguagem, por um lado, e o conjunto de tudo o que está ligado às atividades a ela relacionadas, por outro lado. Essa conexão entre o *uso* das palavras (e, consequentemente, o seu significado) e as ações humanas é tão evidente na pragmática wittgensteiniana da linguagem que, para ele, "o que dizemos adquire o seu significado a partir do resto dos nossos procedimentos"[140].

---

139. *SC*, § 61-62; *Z*, § 297.
140. *SC*, § 229.

Essas *circunstâncias* nas quais as palavras são *empregadas* formam o que Wittgenstein denomina de "campo do jogo de linguagem"[141]. Esse campo nada mais é do que o campo de sentido específico sobre o qual determinado *jogo de linguagem* é jogado. Sua dimensão depende, assim, da finalidade dos *jogos*: seus contornos podem ser tanto a de um quadro simples (como o descrito no § 2 das *IF*), como uma cultura inteira[142]. Em todo o caso, é somente inserido em um *jogo* que podemos falar de algo com sentido, e nenhum jogo acontecerá no vácuo ou mesmo terá sentido além de si mesmo. São as regras que determinam o *jogo*[143] no qual tais lances são jogados e, por isso, são elas que, preponderantemente, geram o âmbito de sentido do mesmo. Considerando que é o *uso* que determina o significado das palavras, e que há uma diversidade e pluralidade das *circunstâncias* em que as práticas da linguagem são efetivadas, não devemos esperar que os *usos* das palavras sejam uniformes[144]. Pelo contrário, haverá, nesse caso, "*inúmeras* espécies diferentes de emprego" das palavras que constituem a nossa

---

141. *Z*, § 175.

142. Cf. *AC*, p. 26.

143. Cf. *IF*, § 567.

144. *Z*, § 112.

linguagem, e, por isso mesmo, tal variedade não é algo fixo, dado de uma vez por todas. Sob essas condições, qualquer tentativa de "encontrar o real e exato significado das palavras"[145] torna-se, portanto, uma tarefa inexequível.

Por outro lado, as práticas linguísticas onde se efetivam os diversos *usos* das palavras são, desse ponto de vista, aquelas instâncias onde tais palavras voltam à sua verdadeira pátria. Esse retorno é caracterizado por Wittgenstein como sendo um movimento que reconduz as palavras do seu *emprego* metafísico ao seu *emprego* quotidiano[146]. Esse conjunto das *circunstâncias* nas quais as palavras da linguagem são *usadas* quotidianamente é o que constitui, para Wittgenstein, o "modo de agir comum dos homens", aquele "sistema de referência" para o *uso* das palavras e, consequentemente, para a sua significação[147]. Quer isso dizer que toda a significação emerge da prática da linguagem num contexto de nossa *forma de vida*, estando sujeita, inclusive, ao processo de mudança que ela sofre ao longo do tempo. Pensar dessa forma, todavia, é reafirmar que há, por um lado, uma dinâmica inerente à prática da linguagem que pos-

---

145. *Z*, § 467.

146. *IF*, § 116.

147. *IF*, § 206; *SC*, § 83, 156; *Z*, § 567.

sibilita a criação de novos *usos*, e, por outro lado, que é só nesse fluxo, isto é, no fluxo de sua *aplicação*, que as palavras têm significado[148]. O conjunto de tais *aplicações* forma o *caráter* das palavras. Faz, com efeito, com que seus respectivos significados adquiram – à semelhança, por exemplo, das feições características dos rostos dos membros de uma determinada família – certas *fisionomias*[149].

Esse dinamismo existente na linguagem e a sua infinita capacidade de geração de novos significados das palavras, a partir de seus *usos* em contextos diferentes aqui pressupostos, conduzem-nos, assim, a pensar sobre quais seriam, desse ponto de vista, os limites da linguagem. Tais limites são estabelecidos pelos incontáveis *usos* das diferentes palavras nos mais variados *jogos de linguagem*. Quer isso dizer que os limites da linguagem deverão ser demarcados pelas infinitas práticas quotidianas da linguagem. Ou seja, deverão ser delimitados pelos diversos contextos a partir dos quais as práticas linguísticas podem ser efetivadas. Em outras palavras, se existirem, os limites da linguagem deverão ser demarcados pelas práticas quotidianas da linguagem. Nesse caso, uma linha demarcatória pode fundamentar-se

---

148. *Z*, § 135, 173.

149. Cf. *IF*, § 568; II, p. 241, 283.

de várias maneiras, e o simples fato de traçá-la ainda não diz por que se a traçou. Na verdade, não há limites reais para a linguagem concebida dessa maneira.

OITAVA LIÇÃO

Ensino e compreensão das palavras[150]

O processo de ensino-aprendizagem da linguagem

Ao colocar a matriz do significado na linguagem na conexão existente entre os *usos* das palavras e as variadas ações e reações comportamentais da comunidade humana, Wittgenstein nos propõe um modelo diferente de aquisição e do processo de ensino-aprendizagem da linguagem, nomeadamente, de como uma criança a aprende. Para ele, o que se ensina no ensino da linguagem é o *uso* das palavras. Isso implica dizer que ele considera tal processo didático como sendo

---

150. Os tópicos apresentados nesta lição foram ampliados em um capítulo publicado numa coletânea (cf. ARRUDA JÚNIOR, G.F. Uso e significado: a compreensão de uma palavra na pragmática wittgensteiniana da linguagem. In: COSTA, D.; VAZ-CURADO, R.M. & EFKEN, K.-H. (org.). *Normas, máximas & ação*. Porto Alegre: Fi, 2015, p. 115-132.

uma atividade controlada por regras que podem, por definição, ser aprendidas e ensinadas. Nesse caso, as crianças são educadas para *usar* as palavras de determinadas maneiras, isto é, conforme as regras da *gramática*, e, com isso, executarem certos tipos de atividades e reagirem de modo específico às palavras dos outros. Assim, ensinar a linguagem consiste em *treinar*[151], isto é, habilitar os aprendizes a *usarem* as palavras da linguagem corretamente. Dessa forma, nenhuma compreensão linguística prévia é exigida[152], mas apenas padrões inerentes de comportamentos por parte de quem é *treinado*.

As circunstâncias nas quais se dá o *treino* para a aquisição da linguagem são aquelas estabelecidas pelos chamados *jogos de linguagem primitivos*. Tais *jogos* são caracterizados como sendo "formas da linguagem" que consistem fundamentalmente em "maneiras mais simples de *usar* signos do que as da nossa linguagem altamente complicada de todos os dias"[153]. Esses *jogos primitivos* são, assim, práticas reais e efetivas de ensino por meio das quais a "língua materna é ensinada às crianças"[154]. Dado que os *usos* das palavras

---

151. *IF*, § 5, 6.

152. *IF*, § 6, 27, 32.

153. *LA*, p. 47.

154. *LC*, p. 14; *PI*, § 7; cf. *Z*, § 587.

ensinadas nesses contextos são estabelecidos pelas regras da *gramática* que os constituem, e que essas palavras estão intimamente ligadas com as reações obtidas durante o ensino, tal *treino* consiste, portanto, num *adestramento* para a realização de atividades *normativas*[155]. Assim sendo, aprender a linguagem é, realmente, adquirir aptidões e capacidades para *usar* as palavras corretamente.

Porque supõe que o ensino da linguagem também é constituído (mas não só) pelo *apontar* para objetos e dirigir a atenção do aprendiz para eles enquanto profere uma palavra, uma parte indispensável nesse processo pedagógico por meio do *treino* proposto por Wittgenstein é o papel assumido pelo chamado "ensino ostensivo". Esse ensino consiste num ato ostensivo por meio do qual é estabelecida "uma ligação associativa" entre a palavra e o objeto por ela designado[156]. Tal ligação é essencial no processo de *adestramento* para o *uso* das palavras porque ela não só faz parte do *treino* para os *usos* "iniciais" das palavras ensinadas, como também serve de base para os futuros e diversos *usos* possíveis que tais palavras possam ter. Admite-se que é precisamente por meio dessa ligação que se aprendem, por exemplo, padrões de

---

155. *LC*, p. 23, 34.

156. *IF*, § 6.

cores, numerais, o *uso* dos indicadores "para lá", "isso", "ali"[157] etc.

É importante salientar, porém, que o ato ostensivo aqui evocado diverge radicalmente dos atos ostensivos dados por meio das chamadas "definições ostensivas". A ostensão dada por meio de tais *definições* objetiva estabelecer, de fato, uma relação *fixa* entre a palavra e o objeto que ela nomeia. Pretende estabelecer, assim, algo "semelhante a afixar uma etiqueta em alguma coisa". Porém, ao invés de determinar os *usos* possíveis das palavras, os atos ostensivos das "definições ostensivas" mostram-se, com efeito, incapazes de definir quaisquer *usos* de uma palavra, porque a relação de designação pretendida por eles pode, "em cada caso, ser interpretada de muitas maneiras". Nas palavras de Wittgenstein, isso pode ocorrer, por exemplo, no caso de quando se tenta definir o numeral "2" para alguém dizendo que "isso significa dois", enquanto se mostra duas nozes. O ponto a ser aqui destacado é o de que, nessas circunstâncias, aquele a quem se dá a *definição* não sabe o que de fato queremos denominar com "dois": se o par de nozes, se o formato delas, se a disposição em que elas se encontram, se o tamanho, se a cor,

---

157. Cf. *IF*, § 8, 9.

96

se o peso etc.[158] Assim caracterizados, tais atos ostensivos estariam, à partida, excluídos do processo de ensino-aprendizagem da linguagem por meio do *treino*, onde se propõe o ensino dos *usos* efetivos (já estabelecidos) das palavras.

Por outro lado, a "ligação associativa" estabelecida entre a palavra e o objeto por meio do "ensino ostensivo" está fundamentada não na conexão conceitual entre significado e objeto, mas entre significado e *uso*. Dessa forma, aprende-se a *usar* uma palavra não quando se ensina o que ela designa, mas apenas quando o seu ensino é dado sob uma "determinada instrução", isto é, quando ele é feito sob o contexto de um *jogo de linguagem* específico. Isso implica dizer que a preparação dada por esse processo para o *uso* de uma palavra não é definitiva, e, noutra *instrução*, ou seja, em outras *circunstâncias*, o mesmo "ensino ostensivo" de uma palavra teria gerado *usos* e compreensões bem diferentes. Concebido dessa maneira, o aprendizado de uma palavra seria comparável ao aprendizado do *uso* de uma peça de xadrez[159]: assim como não aprendemos as funções do "rei do xadrez" simplesmente olhando para a forma da figura que caracteriza essa peça nesse

---

158. Cf. *IF*, § 28-29.

159. *IF*, § 31.

jogo, mas por aprendermos os lances válidos que podem ser feitos com essa figura dentro do jogo, assim também não aprendemos o *uso* das palavras num determinado *jogo de linguagem* simplesmente por identificá-la e associá-la a um referente, um objeto, mas pelos seus diferentes *empregos* e *aplicações* nas variadas *circunstâncias* em que se dá tal *jogo*. Ou seja, do mesmo modo que, ao *apontar* para uma peça de xadrez e dizer: "este é o rei", só se explica o *uso* dessa peça quando suas funções no interior desse jogo já estão claras para o aprendiz, o *uso* das palavras só será ensinado se os seus respectivos contextos de *uso* já tiverem sido dados. Repare-se que, nesse sentido, até mesmo a "definição ostensiva" só poderá "explicar o uso da palavra, caso já esteja claro que papel a palavra tem de desempenhar na linguagem"[160]. Numa analogia bem wittgensteiniana, "é só em relação a um determinado mecanismo que uma dada alavanca pode ser considerada uma alavanca de travão. Desprendida, porém, de seu apoio, não é nem ao menos uma alavanca, antes pode ser qualquer coisa, ou nada"[161]. Assim sendo, o "ensino ostensivo" possui um caráter prioritário e muito mais abrangente que o ato exclusivo de nomeação supostamente constituído pela "definição ostensiva".

---

160. *IF*, § 30.

161. *IF*, § 6.

Quanto a isso, importa destacar que o que na verdade suporta a ideia central do modelo pedagógico proposto por Wittgenstein é a pressuposição de que as "explicações têm um fim em algum lugar"[162], e, para ele, o lugar onde elas não têm mais lugar é o "modo de agir comum da humanidade". Esta é a instância última de fundamentação do *treino*, e é só neste expediente que não somente *pode*-se como *deve*-se ensinar o *uso* das palavras[163]. Desse modo, *compreender* uma palavra consistiria, então, na aquisição de uma capacidade para *usá*-la corretamente nas *circunstâncias* em que as mesmas podem e devem ser *usadas*. Ou seja, *compreender* uma palavra seria, dessa perspectiva, *conhecer* e *ser capaz* de *usá*-la[164]; é "dominar uma técnica"[165]. Assim sendo, são os *empregos* regulares e corretos de uma palavra que mostram que ela foi de fato *compreendida*, e os *critérios* válidos para decidir que alguém *compreendeu* uma palavra são as *circunstâncias* debaixo das quais esse alguém *usa* essa palavra e *age* de acordo com esse *uso*.

---

162. Cf. *IF*, § 1.

163. *IF*, II, p. 245.

164. Cf. *GF*, 47, 50.

165. *IF*, § 150.

Nona lição
"Seguir a regra" e privacidade

A discussão acerca de "seguir a regra" é mais sistematicamente apresentada por Wittgenstein a partir do § 185 das *Investigações*. Discute-se, no fundo, o que é, da perspectiva pragmática, compreender uma regra e segui-la. Os parágrafos iniciais dessa seção destinam-se à análise crítica de diversas concepções mentalistas sobre como uma regra determina o que pode contar como uma aplicação correta ou incorreta dessa regra.

A primeira acepção mentalista analisada é aquela em que a compreensão correta de uma regra é concebida como aquilo que concorda com uma determinada representação mental da mesma. Em sua exposição, Wittgenstein recorre ao exemplo de um aluno[166] que, orientando-se pelas explicações dadas pelo professor para a construção de uma série numérica – explicações essas que têm como base o que o professor *intencionou*

---

166. Cf. *IF*, § 185.

ao dar a fórmula –, a partir de um determinado número da série aplica a regra dada de uma maneira totalmente diferente, sendo consequentemente acusado de erro. Mostra-se-nos então que, se a compreensão correta da regra for concebida como sendo uma ocorrência na mente do aprendiz (nomeadamente, aquela que concorda com aquilo que *estava na mente* do professor no momento em que deu a ordem para a continuação da série), as explicações dadas pelo professor (sejam elas quais forem) são sempre compatíveis com mais do que uma compreensão, e não somente com aquela *intencionada* por ele, uma vez que todo o aprendiz é incapaz de ter qualquer sequência infinita na íntegra em sua mente. Mesmo que o aluno demonstre certa competência dentro de qualquer segmento finito de uma dada série, nunca poderemos definitivamente ter a certeza de que ele compreendeu a regra corretamente. Ou seja, se a compreensão de uma regra for concebida como uma representação mental, nunca seremos capazes de dizer se a resposta do aluno concorda ou não com a regra dada[167].

Uma tentativa de isentar a concepção sob análise das críticas acima consideradas é a de apelar para uma *intuição*[168]. Nesse novo expediente, a

---

167. Cf. *IF*, § 186.

168. Cf. *IF*, § 186.

compreensão da regra a ser seguida não é algo que se dá de uma vez por todas em sua representação mental, mas é feita em cada passo de sua aplicação. Sustenta-se, assim, que em cada uma dessas etapas é necessário *intuir* a apreensão mental da regra e, consequentemente, o que deverá ser feito. Nesse caso, no espírito do aluno pairam "diversas interpretações da explicação do professor"[169], e ele deveria *adivinhar* o ato mental que acompanha a ordem dada, o que só é garantido pela *intuição* correta do que deverá ser feito. Porém, recorrer a uma *intuição* em nada nos ajuda a ultrapassar o hiato entre a regra e a sua aplicação. Mostra-se que a *intuição* é, com efeito, "uma desculpa desnecessária", pois, se ela realmente "fosse necessária para desenvolver a série 1, 2, 3, 4..., então ela seria necessária também para desenvolver a série 2, 2, 2, 2..."[170], uma vez que em cada etapa a regra deveria ser apreendida.

Outra alternativa considerada por Wittgenstein é a hipótese de que o que determina o "seguir a regra" corretamente seja a especificação linguística da regra juntamente como o modo pelo qual ela foi significada. De acordo com esse ponto de vista, as aplicações da regra já estariam, de uma

---

169. Cf. *IF*, § 208-210.
170. *IF*, § 213, 214.

maneira estranha, todas *presentes* no ato de sua apreensão[171] e, dessa forma, as aplicações da regra não seriam uma consequência desse ato. Ou seja, aqueles que compreendem ou apresentam uma determinada regra já *sabem*, no decurso desses atos, qual a resposta correta em cada etapa em que a regra for aplicada. No caso acima, na ocasião em que a ordem foi dada, já se *sabia* (já se *tinha em mente* nesse momento) que o aluno deveria escrever 1.002 depois de 1.000. Defende-se que há um domínio qualquer onde tais sucessões são "*realmente*" feitas e predeterminadas, e que o *ter em mente* (o ato de significação) antecipá-las-ia, da forma *singular* como somente ele pode antecipar a realidade[172]. Em sua análise, Wittgenstein afirma que a ideia central dessa hipótese está fundamentada numa confusão conceptual causada pela incompreensão da *gramática* das expressões "saber" e "ter em mente". Para ele, o conhecimento expresso por esses verbos advém de um domínio de uma técnica[173], e não de supostos processos e eventos mentais ocorridos, misteriosa, estranha e antecipadamente. Sendo assim, o problema principal de tal tese está em acreditar que as ex-

---

171. Cf. *IF*, § 187, 195.

172. Cf. *IF*, § 188.

173. Cf. *IF*, § 150.

pressões "saber" e "ter em mente" consistem na apreensão de um objeto, mentalmente dado, antes mesmo de ter sido efetivamente realizado.

Uma vertente ligeiramente modificada dessa última concepção é também posta à prova por Wittgenstein. Tal concepção presume que o *ter em mente* a regra é capaz de captar, de uma só vez, toda a sua aplicação[174]. Esse sentimento de que as aplicações da regra foram dadas "de um só golpe" tem, para Wittgenstein, a mesma causa que a que leva alguém a pensar que todos os passos da sucessão que decorre da correta aplicação da regra já foram realizados na ocasião em que ela foi significada pelo que se *tem em mente* no momento em que a ordem é dada. Trata-se, com efeito, da consequência do modo cognitivista de conceber os verbos "conhecer" e "saber", isto é, sobrepor diversas imagens pelo cruzamento e emaranhamento indevidos de diferentes *jogos de linguagem*[175]. Sendo assim, recorrer à expressão "maneira *estranha*" para explicar a misteriosa presença de todas as aplicações da regra num único ato de apreensão da mesma[176], ou mesmo in-

---

174. *IF*, § 191.

175. *IF*, § 192.

176. Cf. *IF*, § 195.

vocar qualquer *"processo* estranho"[177] para tentar fechar a lacuna existente entre a regra e sua aplicação, é, na verdade, uma tarefa irrevogavelmente destinada ao fracasso.

Por fim, Wittgenstein ainda considera a ideia mentalista cujo pressuposto é o de que se deve *interpretar* a regra antes de segui-la. Nesse caso, "seguir a regra" seria um ato mental de significação que consistiria na interpretação correta (dentre as possíveis) do que se deve fazer em cada aplicação da regra. Sob análise, porém, o que Wittgenstein tenta nos mostrar é que, da maneira como é caracterizado, o que o processo de interpretação sugerido por essa tese faz é simplesmente reformular o interpretado, isto é, substituir uma expressão da regra por outra expressão. Nesse sentido, "as interpretações por si só não determinam o significado" da expressão da regra e, por isso mesmo, nenhuma delas pode servir de base de sustentação para outras interpretações. Numa imagem dada por Wittgenstein, "cada interpretação está, juntamente com o que é interpretado, suspensa no ar e não pode servir-lhe de apoio"[178]. Quer dizer, cada interpretação dada está no mesmo nível do interpretado, necessitando igualmente de ser interpre-

---

177. *IF*, § 196.
178. *IF*, § 198.

tada. Mesmo que se suponha a possibilidade de se encontrar uma interpretação última, não interpretável, na realidade, tal interpretação última estaria, ainda assim, sujeita a interpretação, por ser uma reformulação da expressão da regra. Nesse caso, qualquer proponente de tal ideia precisaria dar uma interpretação atrás da outra, como se cada uma delas o tranquilizasse (pelo menos por um momento) até pensar na seguinte.

Para Wittgenstein, a única maneira de evitar tal regresso é conceber a apreensão de uma regra não mais fundada sobre mecanismos mentais, quaisquer que esses sejam, mas concebê-lo a partir da perspectiva pragmática, isto é, a partir de um âmbito constituído por ações e comportamentos regulares. Nesse âmbito, o "'seguir a regra' é uma práxis"[179], cujas atividades não decorrem de uma apreensão mental de uma regra, mas consistem, essencialmente, em o seguidor da regra ter sido *treinado* a agir de modo determinado quando confrontado com um conjunto específico de sinais em dadas circunstâncias[180]. Isso implica dizer que o teste que prova se alguém compreendeu uma regra não é o que acontece no momento da compreensão, mas é o dominar a técnica de *usá*-la de

---

179. Cf. *IF*, § 202.
180. *IF*, § 198.

modo correto. Nesse caso, a apreensão de uma regra está na prática de sua *aplicação*.

Ao se assegurar que é a prática do *uso* das regras que mostra o que é ou não um erro na sua *aplicação*[181], Wittgenstein considera que as ações caracterizadas como sendo um caso de "seguir a regra" são, com efeito, *costumes, hábitos*. Para explicitar o caráter habitual e necessariamente repetitivo de tais ações, ele analisa a questão de saber se aquilo a que chamamos "'seguir a regra' é algo que apenas *um* homem, *uma vez* na vida, pudesse fazer"[182]. Ao considerá-lo como um *costume*, a perspectiva pragmática defende que o conceito de "seguir a regra" só é legitimamente aplicado a ações realizadas repetidamente. Nesse caso, o "seguir a regra" é algo "análogo a obedecer a uma ordem", isto é, é-se treinado para isso, e reage-se de uma maneira determinada[183]. É uma *instituição* e, como tal, é algo impossível de ser efetuado *uma única vez* na história da humanidade[184]. Com isso, porém, Wittgenstein não está afirmando ou mesmo sugerindo que somente uma multiplicidade de pessoas pode "seguir a regra", como advogam os

---

181. *SC*, § 29; *Z*, § 305.

182. *IF*, § 199.

183. Cf. *IF*, § 206.

184. Cf. *OFM*, p. 322.

proponentes (dentre eles Saul Kripke e Norman Malcolm) da chamada *visão comunitarista*, para os quais o "seguir a regra" é uma prática necessariamente *social*. De fato, a sua atenção está dirigida para as múltiplas ocasiões de efetivação dessas ações. Os contextos onde tais ações são realizadas são aquelas *circunstâncias* provenientes da *forma de vida* daqueles que as realizam, e que fazem com que esses movimentos sejam caracterizados como movimentos do *jogo de linguagem* do "seguir a regra"[185].

Uma das implicações da concepção pragmática do "seguir a regra" nos é apresentada no § 202 das *Investigações*: o fato de que "o *crer* 'seguir a regra', não é 'seguir a regra'". Essa implicação decorre, na verdade, do que Wittgenstein considera como sendo os critérios utilizados para decidir se realmente uma regra foi ou não seguida. Para ser seguida, uma regra deve ser compreendida e, como visto, tal compreensão se dá pelo domínio de uma técnica, obtido por *treino* da prática nas *circunstâncias* em que a regra é seguida. Por ser o domínio da técnica de aplicação de uma regra aquilo que determina na prática o que é agir em conformidade com a regra, não há tal coisa como "seguir a regra" sem uma técnica de aplicação, ou

---

185. Cf. *OFM*, 335; *Z*, § 587.

seja, sem uma ação que a *exteriorize*. O "seguir" uma dada regra é *exibido* nas atividades que são chamadas "seguir a regra" e "transgredi-la"[186]. É precisamente por isso que as práticas efetuadas quando uma regra é seguida são necessariamente práticas *públicas*, práticas *exteriorizadas*, isto é, atividades que *podem* ser (ainda que, talvez, não o sejam) conhecidas e testemunháveis, como no caso de alguém jogar paciência na solidão de seu quarto. O "seguir a regra" está, assim, intrinsecamente ligado com a *publicidade* das ações realizadas quando se "segue uma regra", e é por isso que "o que, em circunstâncias complicadas, chamamos 'seguir uma regra', certamente não chamaríamos desse modo se estivéssemos isolados"[187].

São, assim, as circunstâncias *praxiológicas* nas quais podemos empregar o conceito do que seja "seguir a regra", isto é, a *gramática* de tal expressão, que determinam os critérios para dizermos se uma regra foi ou não seguida. Sendo tais critérios fundados na prática de segui-la, e, portanto, em algo não só *público*, mas também *objetivo*, o simples ato subjetivo de *acreditar* "seguir a regra" não é suficiente para decidir se ela foi ou não seguida. Dito de outra forma, uma vez que o domínio sub-

---

186. Cf. *IF*, § 201.

187. *OFM*, 335.

jetivo que suporta o ato de *acreditar* não comparti-
lha dos fundamentos da *praxis* de "seguir a regra",
a partir do qual os critérios dessa prática são estabelecidos, é-lhe impossível decidir se a realização
de uma prática decorre ou não da obediência a
uma regra, mesmo que se *creia* que aquela decor-
ra desta. Isto é: posto que a *gramática* do "seguir
a regra" está necessariamente ligada à publicidade e objetividade de uma prática, não faz nenhum
sentido associarmos tal conceito a qualquer que
seja o domínio subjetivo, onde, inclusive, não é
possível sequer distinguir entre "o que é" e "o que
parece ser", entre os juízos: "segue-se de fato uma
regra" e "parece seguir-se uma regra".

Regras e privacidade

É por só se poder falar de "seguir a regra"
apenas num contexto de práticas públicas que,
conclui Wittgenstein, "não se pode seguir a regra
'privatim', porque então crer estar a seguir a regra
seria o mesmo do que seguir a regra"[188]. As aspas
utilizadas na palavra *privatim* citada nesse pará-
grafo servem para chamar a nossa atenção para
o fato de que Wittgenstein não está empregando
esse termo em seu sentido ordinário. Tanto nessa

---

188. *IF*, § 202.

secção como no contexto da exposição e análise do conhecido argumento da linguagem privada (§ 243-315), Wittgenstein considera que algo é *privado* se uma e apenas uma pessoa pode (no sentido lógico) tê-lo ou conhecê-lo. Trata-se, assim, de regras não compartilháveis: regras que são necessariamente conhecidas apenas por uma única pessoa. Desse modo, o argumento seria o que se segue: sendo o "seguir a regra" uma *praxis*, um conjunto de práticas e comportamentos normativos, regulares, públicos e objetivos, então não se pode "seguir a regra" *privadamente*, porque numa situação de privacidade não pode haver prática: faltar-lhe-iam, pelo menos, os critérios *públicos* e *objetivos* para caracterizar tais ações como tal.

Posto de outra forma, uma vez que a transposição do fosso existente entre as regras e suas aplicações está na prática (no sentido assumido por Wittgenstein), não havendo prática, é impossível haver regras (e muito menos segui-las); e, não havendo prática, muito menos numa situação de privacidade pode haver regras. "Uma regra é uma *instituição*", um *costume*, isto é, não é independente de nossas atividades, de nossas práticas *públicas*, e, se houvesse algo como a "aplicação da regra na imaginação" e se isso fosse suficiente para superar o abismo entre a regra e a sua aplicação[189], não só seria possível compreender uma regra que nunca tivesse sido seguida, como também poderia ser o caso de que uma única pessoa seguisse uma regra *uma única vez*. Não haveria, pois, qualquer diferença entre "seguir a regra" e o "*crer* estar seguindo a regra" e, com isso também, a importante distinção entre *ser* e *parecer* se obnubilaria. Mas cada uma das situações acima citadas contradiz flagrantemente a *gramática* do "seguir a regra", pois, em todas elas, os critérios que definem o que de fato seja seguir a regra estão totalmente ausentes. São esses critérios que demarcam os limites entre o *crer* estar seguindo uma regra e o fato de realmente segui-la, e, por isso, eles devem ser completamente independentes do seguidor da regra: devem ser *públicos* e *objetivos*. Uma vez que subjetivo e objetivo apontam para *jogos de linguagem* diferentes[190], *usar* a expressão "seguir a regra" para casos de privacidade é fazer com que a linguagem seja colocada em "ponto morto": faltaria a tal expressão *o jogo* de linguagem em que ela poderia ser aplicada[191].

Essa mistura de palavras de *jogos* diferentes é, aliás, para Wittgenstein, a causa de todos os pro-

---

189. Cf. *OFM*, 333-335.

190. Cf. *IF*, II, p. 291.

191. Cf. *IF*, § 96, 132.

blemas filosóficos. A solução para essa confusão conceptual é a de adotar uma visão correta do que seja "seguir a regra". Tal visão é correta na medida em que a atividade de "seguir a regra" é concebida, essencialmente, como uma prática, e essa é, para Wittgenstein, a única perspectiva que nos faz conhecer corretamente os caminhos do labirinto que é a linguagem[192]. As regras, por si só, "têm lacunas" e, por isso mesmo, não são suficientes para estabelecerem uma prática: elas devem ser aplicadas[193]. Sendo assim, a relação entre a regra e sua aplicação é uma relação interna e, nesse caso, se rigorosamente analisada, "pensar que existe um abismo entre uma regra e sua aplicação" constitui, desde logo, uma "cãibra mental"[194].

Compreender a regra é saber como aplicá-la; é dominar a técnica do que é agir em conformidade com ela ou transgredi-la; e fora desse âmbito pragmático não se encontra nenhuma resposta satisfatória à questão de como uma regra é efetivamente seguida, pois, em qualquer outra instância, as razões logo se acabam e, então, tem-se que agir sem razão[195]. Quando as justificativas de como al-

---

192. Cf. *IF*, § 203.

193. Cf. *SC*, § 139.

194. *WL*, 90.

195. Cf. *IF*, § 211.

guém procedeu ao "seguir a regra" se esgotam, é porque se chegou à "rocha dura", às *ações*, onde a nossa "pá se entorta"[196]. Tais ações, porém, não são realizadas após uma deliberação, uma reflexão, ou mesmo uma escolha do seguidor da regra. Quando se "segue a regra", não há escolha, e é nesse sentido que devemos entender a controversa afirmação de Wittgenstein de que a regra é seguida *cegamente*[197]. Não escolhemos, não porque não haja outras alternativas possíveis de ação, mas porque "é assim que *agimos*" – "simplesmente o *fazemos*"[198], e é nesse agir que o "seguir a regra" encontra o seu fundamento, e não em algo que necessite de uma espécie de *visão* de nossa parte[199]. Não é preciso abrir os olhos para as várias interpretações, mas deve-se apenas *agir*.

"Seguir a regra" *cegamente* não implica, contudo, segui-la irresponsavelmente, como se a questão de não haver escolhas desvalorizasse, pela ausência dessa possibilidade, as ações, os esforços e as habilidades dos seguidores de regras. Mas o que essa forma *cega* de "seguir a regra" quer mostrar, na realidade, é o fato de os seguidores de re-

---

196. *IF*, § 217.

197. Cf. *IF*, § 219.

198. *IF*, § 217; *OFM*, I, 63.

199. *SC*, § 204.

gras já estarem inseridos previamente (sem escolha) num contexto caracterizado por determinados *costumes* e *instituições* peculiares a partir do qual (porque define o que conta como seguir ou violar as regras) eles podem ser responsabilizados pela acomodação ou inadequação de suas ações à regra seguida. Desse modo, um dado procedimento é determinado por uma regra quando este constitui o ato de segui-la, o qual não é apenas agir de acordo com ela, mas *saber* e *fazer* o que está de acordo com ela. Para isso, porém, exige-se que o seguidor da regra a compreenda, isto é, que tenha o domínio da técnica de sua aplicação, que tenha não mais do que uma capacidade de desempenhar a prática que decorre de sua correta aplicação, no contexto específico de sua *forma de vida*.

Décima lição

"Forma de vida" e o "agir comum da humanidade"

Como dito na lição anterior, os comportamentos regulares e normativos oriundos das práticas de se "seguir regras" estão radicados em nossa *forma de vida*, que se revela como sendo um "modo de agir comum dos homens". Ou seja, é em virtude de os homens compartilharem a mesma *forma de vida* que essa constitui o sistema de referência por meio do qual podemos interpretar uma língua desconhecida, e também distinguir modos de agir *normais* daqueles *anormais*[200]. As práticas *normais* são aquelas onde uma regra é claramente aplicada, e quanto mais *anormais* elas forem, mais dificuldade teremos de distinguir se a regra está ou não sendo seguida[201], como no caso de alguém que naturalmente reage ao gesto de apontar com o dedo para uma dada direção

---

200. Cf. *IF*, § 141.

201. Cf. *IF*, § 142.

olhando na direção do pulso e não na do dedo indicador[202]. É, pois, apenas confrontando os casos *anormais* com o nosso "modo de agir comum" que podemos julgá-los como tais. Eles seriam absurdos em nossa *forma de vida*, uma vez que é nela que encontramos a ligação conceitual entre práticas linguísticas e ações regulares.

Para que haja comportamentos regulares baseados em regras, não somente é pressuposto o "agir comum da humanidade", característico de nossa *forma de vida*, como também deve haver certa uniformidade da realidade que circunda a *forma de vida* e na qual ela se desenvolve. Sem essas estabilidades, as regras se tornariam exceções e as exceções em regras e, sendo assim, não faria o mínimo de sentido definir critérios normativos e regulares, quaisquer que fossem, pois todos os nossos *jogos de linguagem* se tornariam sem valor. Aliás, nenhum jogo existiria; eles não teriam qualquer propósito; perderiam a graça[203]. Do mesmo modo que não faria qualquer sentido estabelecer o preço de um pedaço de queijo pelo seu peso se a fatia pesada frequentemente aumentasse e encolhesse sem causa manifesta, se os seres humanos revelassem reações completamente

---

202. Cf. *IF*, § 185.

203. Cf. *IF*, § 142.

desiguais quando submetidos a *treinos* simples como, por exemplo, os de *cumprir ordens*, tal conceito jamais seria compreendido por eles[204].

O significado linguístico tem uma dimensão normativa em que as palavras podem ser *usadas* correta ou incorretamente, e é na concordância dos comportamentos que, por sua vez, requer o domínio de técnicas que são expressas nas maneiras comuns de ação em dadas circunstâncias, que repousam, em última instância, os fundamentos das práticas linguísticas corretas. Sem tal concordância não haveria aquisição, nem ensino, nem aprendizado, nem compreensão da linguagem. Porém, afirmar isso não é abolir a objetividade da verdade, ou pensar, como o interlocutor, que é, "portanto, a concordância entre os homens que decide o que é verdadeiro e o que é falso", mas é, antes, constatar que a linguagem deve ser pressuposta em quaisquer que sejam as considerações acerca de verdade e falsidade, pois, somente onde uma linguagem tenha lugar, é que se tem a possibilidade de formular proposições verdadeiras ou falsas acerca da realidade. "Verdadeiro e falso é o que os homens *dizem*; e é na *linguagem* que eles concordam"[205]. Em outras palavras, é na aplicação

---

204. Cf. *IF*, § 206.

205. *IF*, § 241.

das regras da linguagem que os homens concordam, e é só sobre o conjunto das ações decorrentes das práticas linguísticas onde essas aplicações se efetuam que é possível haver enunciados verdadeiros sobre o mundo.

É o caso, por exemplo, de efetuarmos a medição do comprimento de um dado objeto. Para obtermos e comunicarmos os resultados de tal medição, ou seja, que é verdade que tal objeto mede um valor específico numa determinada unidade de medida, é necessário que já tenha tido lugar um acordo acerca de qual a unidade de medida utilizada, em que circunstâncias ela deve ser usada, as possíveis conversões, quais são os instrumentos de medição fiáveis etc. Deve ser assim porque aquilo que "chamamos de 'medir' é determinado por certa constância dos resultados obtidos", o que só é possível se o sistema de convenções que permite formular tais juízos acerca do valor real da medição repousar sobre uma concordância na utilização desse mesmo sistema[206]. A concordância, pois, "pertence à armação a partir da qual a nossa linguagem opera"[207], mas o caráter desse acordo não está firmado, por sua vez, num tipo de consentimento democrático entre os seus utentes,

---

206. Cf. *IF*, § 239, 242.

207. *IF*, § 240.

120

como se tratando de uma mera concordância de opiniões, de algo sujeito aos caprichos e arbítrios de alguma vontade individual, mas funda-se, necessariamente, no "modo de agir comum" desses utentes, isto é, trata-se de um acordo na *forma de vida*. Assim, pertencer à *forma de vida* humana é já ser concorde com os acordos nela estabelecidos, cujo fundamento é um *dado* da história natural do homem, e qualquer conflito existente constitui um claro desvio da maneira comum de agir que nos caracteriza e que é independente de qualquer vontade individual.

É em virtude disso que essa concepção pragmática do que seja "seguir a regra" conduz Wittgenstein à conclusão de que essa prática é irredutível a quaisquer explicações cognitivistas, pois aqui não há espaço para nenhum evento, processo ou representação mentais; não há lugar para *intuições*, nem para interpretações. Simplesmente, é assim que *agimos*! Portanto, contestar a concordância existente na "rocha dura" das ações humanas e a sua íntima imbricação com as nossas práticas linguísticas é contestar o fato de sermos humanos; é não admitir aquilo que nos diferencia e nos qualifica como aquilo que somos. Estritamente falando, a pura factualidade de nossas práticas não deixa espaço nem mesmo para as justificações, pois, nesses termos, as ações humanas são as próprias "condições últimas". "A fundamentação, a justificação da evidência, tem um fim; mas o fim não é o fato de certas proposições se nos apresentarem como sendo como uma espécie de *visão* da nossa parte, é antes nossa ação"[208]. Desse modo, o *agir* é o *topos* onde a cadeia de justificativas encontra o seu fim. Nesse caso, tal "fim não é um pressuposto não fundamentado, mas um modo de agir sem fundamento"[209]. "Esgotando-se as razões, age-se sem quaisquer motivos"[210], e agir sem justificação não é agir errada ou falsamente, pois "se a verdade é o que é fundamentado, então o fundamento não é verdadeiro nem falso". Aquilo que apoia não é apoiado, e tentar apoiá-lo é o mesmo que tentar provar que o metro padrão tem *um* metro.

Se *usamos* a linguagem, aceitamos o fundamento como fundamento, sem qualquer razão. Ele, como a nossa *forma de vida*, é um *dado*. Quer isso dizer que, se concebermos a possibilidade de justificá-lo, estaremos admitindo o impossível fato de nos colocarmos fora da linguagem. Mas as justificativas só podem ser dadas *dentro* da linguagem e, uma vez que não se pode sair da lin-

---

208. *SC*, § 204.

209. *SC*, § 110

210. *IF*, § 211.

guagem com a linguagem[211], não se pode pedir razões *para* ela[212]. Não poder sair da linguagem significa dizer que ser um *ser humano* é realizar práticas linguísticas efetivas dentro da *forma de vida* que lhe é característica, aquela compartilhada por todos os utentes da linguagem. Ou seja: é falar e agir *assim*, como humanos, e é isso que faz com que a concepção de linguagem existente na segunda fase do pensamento de Wittgenstein seja qualificada como sendo aquela concepção nitidamente marcada não só por uma forte perspectiva antropológica, como também por aspectos eminentemente pragmáticos.

---

211. Cf. *OF*, 54.

212. Cf. *GF*, p. 110-111; *OFM*, 241-242.

Conclusão

Se considerarmos a história da filosofia no século XX, não demorará muito para percebermos que tanto a filosofia exposta na primeira fase do pensamento de Wittgenstein quanto a proposta filosófica apresentada em sua *Spätphilosophie* exerceram uma profunda influência no desenvolvimento da filosofia nesse período.

A prova disso é o fato de que muitas das suas teses serviram como ponto de apoio para a elaboração das ideias fundamentais de muitos outros filósofos. É o caso, por exemplo, dos principais representantes do Círculo de Viena que, embora lessem o *Tractatus* de uma maneira não aprovada por Wittgenstein, assumiram as principais teses nele contidas, a ponto de alguns atribuírem a Wittgenstein a paternidade da escola filosófica denominada "positivismo lógico".

Com relação a sua segunda fase de pensamento, a influência é consideravelmente maior. A razão disso é porque, nessa fase, a sua filosofia tomou proporções muito amplas. Sem qualquer margem de dúvida, Wittgenstein foi um dos principais responsáveis pelo surgimento da chamada "filosofia da linguagem ordinária", desenvolvida em Oxford, durante a segunda metade do século XX. As suas ideias contribuíram e promoveram o interesse filosófico pela linguagem, sobretudo pelas questões que envolvem o uso das palavras em situações concretas de fala. Sinais desse seu pensamento podem ser claramente percebidos nos trabalhos de filósofos como J.L. Austin, John Searle e Peter Strawson.

Toda essa influência, porém, não foi suficiente para permitir o surgimento de uma escola wittgensteiniana. Embora Wittgenstein tivesse tido alguns discípulos zelosos e fervorosos com suas ideias, depois de sua morte, esse pequeno grupo não teve tanta expressão acadêmica. Todo esse fervor e zelo, porém, ficou limitado apenas ao estudo rigoroso dos textos de Wittgenstein e ao esclarecimento sobre pontos escuros de seus pensamentos através da publicação de inúmeros artigos e livros sobre a filosofia de seu mestre. Dentre esses discípulos, destacam-se G.E.M. Anscombe, G.H. von Wright, Norman Malcolm, Rush Rhees e John Wisdom.

Mas a influência de Wittgenstein não ficou restrita à filosofia da linguagem. Vários outros ramos do saber humanos foram diretamente influenciados pelo seu pensamento. Na filosofia da ciência podemos enxergar sinais de seus pensamentos nas obras de Thomas Kuhn e Paul Fayerabend. Ambos assumem que a pesquisa científica deve ser dirigida por pressupostos pré-científicos e fundamentam essa ideia a partir do conceito wittgensteiniano de *jogos de linguagem*.

Algumas ideias de Wittgenstein também estão presentes nas variadas reflexões críticas de determinados membros da famosa Escola de Frankfurt. O mais relevante desses casos talvez seja o de Jürgen Habermas que, inequivocamente, se apropria das linhas gerais da pragmática da linguagem proposta por Wittgenstein – sobretudo de suas observações sobre o seguir as regras – e as utiliza na fundamentação de sua teoria da ação comunicativa.

Na fenomenologia, podemos apontar a nítida influência do conceito wittgensteiniano de *Forma de vida* na caracterização da esfera da vida cotidiana feita na perspectiva fenomenológica de Hans-Georg Gadamer. Além disso, convém notar que Gadamer também se apropria das teses antimentalistas de Wittgenstein para ampliar a crítica de Husserl ao psicologismo.

No domínio do pós-estruturalismo francês, pode-se notar a forte herança do pensamento de Wittgenstein no pluralismo epistemológico de Jean-François Lyotard. Nomeadamente, Lyotard enfatiza a imprecisão da linguagem proposta pela pragmática de Wittgenstein para dar sustentação ao seu evidente relativismo.

Até mesmo na teologia e na filosofia da religião do século XX, as principais teses de Wittgenstein estão presentes. Basta, por exemplo, apontarmos as reflexões sobre a religião feitas por R. Rhees, P. Winch, N. Malcolm e, principalmente, D.Z. Phillips. Todos eles analisam o fenômeno religioso a partir de conceitos centrais da filosofia de Wittgenstein. Na teologia, destaque para as considerações de Fergus Kerr, no seu clássico *Theology after Wittgenstein*.

Pelo que foi dito nessas lições, não podemos negar o respeitável papel desempenhado por Wittgenstein no âmbito da filosofia contemporânea. Todavia, não é fácil estabelecer precisamente esse papel. Na verdade, julgamos ser ainda muito cedo para oferecer uma pontual e correta avaliação da abrangência, alcance e influência do seu pensamento e da sua obra. A razão disso é o fato de que é muito difícil tecer qualquer juízo preciso sobre o valor do pensamento e obra de um pensador que ainda esteja vivo ou que tenha morrido há apenas algumas décadas. É cedo para ponderar se o grande aluno de Russell já se inclui na constelação dos grandes filósofos como Platão, Aristóteles, Descartes, Kant, cujo espaço na história da filosofia é dado pelo indiscutível valor e consideração que as gerações posteriores atribuem a seus pensamentos e obras. Quanto a isso, é muito provável que não demorará muito para que Wittgenstein brilhe como uma nova estrela nessa constelação.

Referências

a) Principais obras de Wittgenstein

WITTGENSTEIN, L. *Últimos escritos sobre a filosofia da psicologia*. Lisboa: Fundação Calouste Gulbenkian, 2007 [Trad. de António Marques, Nuno Venturinha, João Tiago Proença. Introd. de António Marques].

_____. *Investigações filosóficas*. 4. ed. Petrópolis: Vozes, 2005 [Trad. de Marcos G. Montagnoli. Rev. da trad. e apresentação de Emmanuel Carneiro Leão].

_____. *Cadernos 1914-1916*. Lisboa: Ed. 70, 2004 [Biblioteca de Filosofia Contemporânea, 34] [Trad. de João Tiago Proença].

_____. *Tractatus logico-philosophicus*. 3. ed. São Paulo: Editora da Universidade de São Paulo, 2001 [Trad., apres. e ensaio introd. de Luiz Henrique Lopes dos Santos. Introd. de Bertrand Russell].

_____. *Da certeza*. Lisboa: Ed. 70, 2000 [Biblioteca de Filosofia Contemporânea, 13] [Trad. de Maria Elisa Costa].

_____. *Aulas e conversas sobre estética, psicologia e fé religiosa*. 3. ed. Lisboa: Cotovia, 1998 [Trad. de Miguel Tamen].

_____. *Anotações sobre as cores*. Lisboa: Ed. 70, 1996 [Trad. de Filipe Nogueira e Maria João Freitas].

_____. "Lecture on Ethics". In: RHEES, R. (ed.). *Philosophical Occasions*. Indianápolis: Hackett, 1993 [Trad. de J. Klagge e A. Nordmann].

_____. *Philosophical Occasions*. Indianápolis: Hackett, 1993 [Trad. de J. Klagge e A. Nordmann].

_____. "Cause and Effect: Intuitive Awareness". *Philosophical Occasions*. Indianápolis: Hackett, 1993 [Trad. de J. Klagge e A. Nordmann].

_____. *O livro castanho*. Lisboa: Ed. 70, 1992 [Biblioteca de Filosofia Contemporânea, 20] [Trad. de Jorge Marques. Rev. de Carlos Morujão].

_____. *Fichas*. Lisboa: Ed. 70, 1989 [Biblioteca de Filosofia Contemporânea, 11] [Trad. de Ana Berhan da Costa].

_____. *Cultura e valor*. Lisboa: Ed. 70, 1980 [Biblioteca de Filosofia Contemporânea, 22] [Trad. de Jorge Mendes].

_____. *Philosophical Grammar*. Oxford: Blackwell, 1980 [Trad. de Anthony Kenny].

_____. *Remarks on the Philosophy of Psychology*. Vol. 1 e 2. Oxford: Blackwell, 1980 [Trad. de G.E.M. Anscombe].

_____. *Remarks on the Foundations of Mathematik*. Oxford: Blackwell, 1978 [Trad. de G.E.M. Anscombe].

_____. *Philosophical Remarks*. Oxford: Blackwell, 1975 [Trad. de R. Hargreaves e R. White].

_____. *O livro azul*. Lisboa: Ed. 70, 1958 [Biblioteca de Filosofia Contemporânea, 19] [Trad. de Jorge Marques. Rev. de Carlos Morujão].

b) Principais comentadores das obras de Wittgenstein

AMBROSE, A. (ed.). *Wittgenstein's Lectures, Cambridge 1932-1935*: from the notes of Alice Ambrose and Margaret MacDonald. Nova York: Prometheus Books, 1979.

ANSCOMBE, G.E.M. An introduction to Wittgenstein's *Tractatus*: themes in the philosophy of Wittgenstein. Londres: Hutchinson, 1971 [Wittgenstein Studies].

BAKER, G.P & HACKER, P.M.S. *An Analytical Commentary on Wittgenstein's Philosophical Investigations*. Oxford: Blackwell, 2005.

BLACK, M. *A companion to Wittgenstein's Tractatus*. Cambridge: University Press, 1971.

BLOCK, I. *Perspectives on the philosophy of Wittgenstein*. Cambridge: M.T.I, 1981.

BUCHHOLZ, Kai. *Compreender Wittgenstein*. Petrópolis: Vozes, 2008 [Trad. de Vilmar Schneider].

DIAMOND, C. *The Realistic Spirit*. Cambridge: MIT Press, 1991.

FANN, K.T. *Ludwig Wittgenstein*: the man and his philosophy. Nova York, 1967.

FAUSTINO, S. *A experiência indizível*: uma introdução ao *Tractatus* de Wittgenstein. São Paulo: Unesp, 2006.

FOGELIN, R.J. *Wittgenstein*. 2. ed. Nova York: Routledge, 1995.

GLOCK, H.-J. *Dicionário Wittgenstein*. Rio de Janeiro: Zahar, 1998 [Dicionário de Filosofia] [Trad. de Helena Martins. Rev. técnica de Luiz Carlos Pereira].

GRIFFIN, J. *O atomismo lógico de Wittgenstein*. Porto: Porto Ed., 1998 [Coleção Filosofia – Texto, 11] [Trad. de Marina Ramos Themudo e Vítor Moura].

HACKER, P.M.S. *Insight and ilusion*: themes in the philosophy of Wittgenstein. Oxford: Clarendon, 1986.

HALLER, R. *Wittgenstein e a filosofia austríaca*: questões. São Paulo: Editora da Universidade de São Paulo, 1990 [Trad. de Norberto de Abreu e Silva Neto].

KENNY, A. *Wittgenstein*. Cambridge: Harvard University Press, 1973.

KRIPKE, S. *Wittgenstein on Rules and Private Language*: an elementary exposition. Oxford: Blackwell, 1982.

MALCOLM, N. *Ludwig Wittgenstein*: a memoir. 2. ed. Oxford: Oxford University Press, 2007.

MONK, R. *How to read Wittgenstein*. Nova York: W.W. Norton & Company, 2005.

_____. *Wittgenstein*: o dever do gênio. São Paulo: Companhia de Letras, 1995 [Trad. de Carlos Afonso Malferrari].

MORENO, A.R. *Wittgenstein: os labirintos da linguagem* – Ensaio introdutório. São Paulo/Campinas: Moderna/Editora da Universidade de Campinas, 2000 [Coleção Logos].

MOUNCE, H.O. *Wittgenstein's Tractatus*: an introduction. Oxford: Basil Blackwell, 1981.

PEARS, D. *The false prison*: a study of the development of Wittgenstein's philosophy. Vol. 1 e 2. Oxford: Clarendon, 1987.

PINTO, A.V. *Introdução ao* Tractatus logico-philosophicus *de Ludwig Wittgenstein*. Braga: Publicações da Faculdade de Filosofia, 1982.

PINTO, P.R.M. *Iniciação ao silêncio*: análise do *Tractatus* de Wittgenstein. São Paulo: Loyola, 1998 [Coleção Filosofia].

RHEES, R. *Discussions of Wittgenstein*. Londres: Athlone Press, 1963.

SCHULTE, J. *Wittgenstein*: an introduction. Nova York: State University New York Press, 1992 [Trad. de Willian H. Brenner e John F. Holley].

SPANIOL, W. *Filosofia e método no segundo Wittgenstein*: uma luta contra o enfeitiçamento do nosso tempo. São Paulo: Loyola, 1989 [Coleção Filosofia, 11].

STENIUS, E. *Wittgenstein's Tractatus*: a critical exposition of its main lines of thought. Oxford: Basil Blackwell, 1964.

STERN, D.G. *Wittgenstein's philosophical investigations*: an introduction. Cambridge: Cambridge University Press, 2004.

STRATHERN, P. *Wittgenstein em 90 minutos*. Rio de Janeiro: Zahar, 1997 [Coleção Filósofos em 90 minutos] [Trad. de Maria Helena Geordane].

WINCH, P. (ed.). *Studies in philosophy of Wittgenstein*. Londres: Routledge and Kegan, 1969.

WISDOM, J. *Paradox and discovery*. Oxford: Basil Blackwell, 1965.

ZILLES, U. *O racional e o místico em Wittgenstein*. 2. ed. Porto Alegre: EDIPUCRS, 1994 [Coleção Filosofia, 11].

COLEÇÃO 10 LIÇÕES
Coordenador: *Flamarion Tavares Leite*

– *10 lições sobre Kant*
  Flamarion Tavares Leite
– *10 lições sobre Marx*
  Fernando Magalhães
– *10 lições sobre Maquiavel*
  Vinícius Soares de Campos Barros
– *10 lições sobre Bodin*
  Iberto Ribeiro G. de Barros
– *10 lições sobre Hegel*
  Deyve Redyson
– *10 lições sobre Schopenhauer*
  Fernando J.S. Monteiro
– *10 lições sobre Santo Agostinho*
  Marcos Roberto Nunes Costa
– *10 lições sobre Foucault*
  André Constantino Yazbek
– *10 lições sobre Rousseau*
  Rômulo de Araújo Lima
– *10 lições sobre Hannah Arendt*
  Luciano Oliveira
– *10 lições sobre Hume*
  Marconi Pequeno
– *10 lições sobre Carl Schmitt*
  Agassiz Almeida Filho
– *10 lições sobre Hobbes*
  Fernando Magalhães
– *10 lições sobre Heidegger*
  Roberto S. Kahlmeyer-Mertens
– *10 lições sobre Walter Benjamin*
  Renato Franco
– *10 lições sobre Adorno*
  Antonio Zuin, Bruno Pucci e Luiz Nabuco Lastoria
– *10 lições sobre Leibniz*
  André Chagas
– *10 lições sobre Max Weber*
  Luciano Albino
– *10 lições sobre Bobbio*
  Giuseppe Tosi

- *10 lições sobre Luhmann*
  Artur Stamford da Silva
- *10 lições sobre Fichte*
  Danilo Vaz-Curado R.M. Costa
- *10 lições sobre Gadamer*
  Roberto S. Kahlmeyer-Mertens
- *10 lições sobre Horkheimer*
  Ari Fernando Maia, Divino José da Silva e Sinésio Ferraz Bueno
- *10 lições sobre Wittgenstein*
  Gerson Francisco de Arruda Júnior
- *10 lições sobre Nietzsche*
  João Evangelista Tude de Melo Neto
- *10 lições sobre Pascal*
  Ricardo Vinícius Ibañez Mantovani
- *10 lições sobre Sloterdijk*
  Paulo Ghiraldelli Júnior
- *10 lições sobre Bourdieu*
  José Marciano Monteiro
- *10 lições sobre Merleau-Ponty*
  Iraquitan de Oliveira Caminha
- *10 lições sobre Rawls*
  Newton de Oliveira Lima